"十四五"职业教育国家规划教材配套用书

应用文写作实训

主编　李永霞　翟惠琼

内容提要

本书是“十四五”职业教育国家规划教材《应用文写作》的配套用书，旨在帮助学生巩固所学知识，提高应用文写作能力。全书除绪论外，分为 6 个模块，分别为日常应用文书写作、求职应聘文书写作、党政机关公文写作、礼仪文书写作、新闻传播文书写作和常用事务文书写作。

本书题型丰富，题量充足，题目难易适度，知识考查全面，可作为职业院校学生学习应用文写作的辅导用书。

图书在版编目（CIP）数据

应用文写作实训 / 李永霞，翟惠琼主编. -- 上海 ：
上海交通大学出版社，2023.12
ISBN 978-7-313-29254-4

Ⅰ. ①应… Ⅱ. ①李… ②翟… Ⅲ. ①汉语－应用文－写作 Ⅳ. ①H152.3

中国国家版本馆 CIP 数据核字(2023)第 148998 号

应用文写作实训
YINGYONGWEN XIEZUO SHIXUN

主　　编：李永霞　翟惠琼
出版发行：上海交通大学出版社　　地　　址：上海市番禺路 951 号
邮政编码：200030　　电　　话：021-64071208
印　　制：北京谊兴印刷有限公司　　经　　销：全国新华书店
开　　本：787 mm×1092 mm　1/16　　印　　张：7.5
字　　数：173 千字
版　　次：2023 年 12 月第 1 版　　印　　次：2023 年 12 月第 1 次印刷
书　　号：ISBN 978-7-313-29254-4
定　　价：29.80 元

前言 PREFACE

本书是“十四五”职业教育国家规划教材《应用文写作》的配套实训用书，紧紧围绕教材的知识要点编写而成。本书坚持实用原则，根据学生的实际需求，对题型、题量和难易度等做了精心设计，以帮助学生加深对教材内容的理解，巩固学习成果，系统掌握应用文的写作要领和技巧，提升应用文写作能力，从而促使其成长为高素质应用型人才。

具体来说，本书具有以下特色。

（1）立德树人，培育素养。

党的二十大报告指出：“育人的根本在于立德。”本书有机融入党的二十大精神，积极落实立德树人的根本任务，以培养学生正确的世界观、人生观和价值观为己任，在设计题目、选用素材时，充分融入了大国成就、文化自信、家国情怀、拼搏精神、奉献精神、环境保护、礼仪传承、人文情怀等元素，能让学生在潜移默化中接受素养培育和熏陶。

（2）内容系统，重点突出。

本书紧紧围绕配套教材的知识要点设置实训题目，内容系统且完整，所设题目紧扣教材重点，且各知识点考查篇幅所占的比例均衡、合理，知识考查重点突出，有利于学生系统地巩固所学知识并把握重点。

（3）精选素材，实用性强。

本书精心选用了大量贴近学生生活的实训素材，例如，“日常应用文书写作”模块中选用了关于节约用水的倡议书素材、关于中华饮食及饮食文化传承的启示素材等；“求职应聘文书写作”模块中选用了关于招聘的求职素材、关于学生会换届的竞聘词素材等；“礼仪文书写作”模块中选用了关于教师节的感谢信素材、关于校庆的贺信素材、关于运动会的开幕词素材等；“新闻传播文书写作”模块中选用了我国一箭多星发射纪录的消息素材、《舌尖上的中国》的解说词素材等。这些素材都与学生生活密切相关，有利于学生更好地理解和运用应用文写作知识，具有较强的实用性。

（4）题型丰富，考查全面。

本书设置了填空题、选择题、判断题、简答题、病例修改、阅读分析和写作训练 7 种题型，题型丰富，题量充足，从不同角度全面考查应用文写作知识，帮助学生巩固所学知识并获得学习反馈；同时，各模块的结尾均设有反思与总结版块，以便学生针对自身的学习情况进行反思和总结，进而有针对性地改进和提升。

（5）循序渐进，学以致用。

本书遵循学生的认知规律，采用由易到难、由浅入深、层层递进的方法设置各类题目的难易度，让学生先从难度较低的填空题、选择题和判断题入手，逐步过渡到难度较高的简答题、病例修改题、阅读分析题和写作题，使其有针对性地锻炼记忆能力、分析能力、判断能力、逻辑思维能力、灵活应变能力、语言表达能力等，促使他们循序渐进地提升应用文写作能力，从而真正做到学以致用。

（6）平台支撑，科技丰富。

本书融入了“互联网+”思想，与集教学管理、教学支撑于一体的文旌综合教育平台“文旌课堂”开展了深度合作。学生可以登录该平台查看或下载本书的配套资源（如参考答案等），也可以借助该平台阅读课外资源、进行线上练习、参加考试等。师生在教与学的过程中有任何疑问，都可以登录该平台寻求帮助。

本书由李永霞、翟惠琼担任主编，李玲、刘兰担任副主编。在编写过程中，我们参考了大量的资料并引用了部分文章。这些引用的资料大部分已获原作者授权，但由于部分资料来自网络，我们未能确认出处，也暂时无法联系到原作者。对此，我们深表歉意，并欢迎原作者随时与我们联系，我们将按规定支付酬劳。此外，本书没有注明资料来源的案例均为编者根据真实事件改编。

由于编者水平有限，书中存在的疏漏与不当之处，敬请广大读者批评指正。

本书配套资源下载网址和联系方式

网址：https://www.wenjingketang.com

电话：4001179835

邮箱：book@wenjingketang.com

目录 CONTENTS

应用文写作理论知识

一、填空题

1．撰写应用文主要是为了处理________或________。

2．应用文的制发必须及时、高效。这说明应用文的发文具有________的特点。

3．按使用范围和行文内容划分，应用文可分为________、________和________3 种类型。

4．公务文书是党政机关、社会团体、企事业单位为了________、________而制发的具有规范格式的文书。

5．应用文的写作要素包括________、________、________、________和________。

6．应用文的主题应符合________、________和________3 个要求。

7．选择应用文的材料时，应遵循________、________、________和________4 个原则。

8．标题“宏观调控是现代市场经济体制的内在要求”是________（标题类型）。

9．一般情况下，应用文的开头有________、________、________、________、________和________6 种形式。

10．应用文的语言具有________、________、________、________和________的特点。

11．应用文常用的表达方式有 3 种，分别为________、________和________。

12．一般情况下，叙述包括________、________、________、________、________和________6 个要素。

13．常用的叙述方式有 4 种，分别为________、________、________和________。

14．议论是指运用________和________对事物进行客观分析、推理和评论，阐明写作者的观点、立场和态度的一种表达方式。

15．议论应________，即写作者应在分析理由和原因的基础上进行客观的评价和判断。

二、选择题

（一）单项选择题

1．党政机关、社会团体、企事业单位为反映事实情况、解决问题、处理日常事务所使用的文种是（　　）。

A．公务文书　　B．事务文书
C．社交文书　　D．其他文书

2．（　　）是应用文的基本观点、中心思想、核心、灵魂和统帅。

A．应用文的主题　　B．应用文的结构
C．应用文的语言　　D．应用文的表达方式

3．标题“空调降价大战原因何在”是（　　）。

A．公文式标题　　B．直陈事实式标题
C．提出问题式标题　　D．显示结论式标题

4．开头“为维护学校秩序，保持校园整洁，特作如下规定”是（　　）。

A．根据式开头　　B．目的式开头
C．概括式开头　　D．原因式开头

5．安排应用文正文部分的结构时，首先，按照关联程度对事物进行分类，将主体分成几个部分或几个方面，然后，将各个部分或方面横向排列，依次进行阐述。这种结构顺序是（　　）。

A．时间结构顺序　　B．空间结构顺序
C．时空交叉结构顺序　　D．事理逻辑结构顺序

6．下列选项中，关于应用文正文部分的说法错误的是（　　）。

A．撰写应用文正文部分的内容时，应处理好其层次结构
B．撰写法律文书时，应采用时间结构顺序
C．应用文正文部分的内容较长，涉及面较广时，可采用小标题式结构
D．过渡是指层次与层次、段落与段落之间的衔接形式或手段

7．结尾“本条例自20××年××月××日起施行”是（　　）。

A．强调式结尾　　B．结论式结尾
C．说明式结尾　　D．责令式结尾

8. 撰写应用文时，通过列举典型例子把事物的本质和特征解释得更清楚、更具体。这种说明方法是（　　）。

A. 比较说明　　B. 举例说明
C. 分类说明　　D. 诠释说明

9. 撰写新闻报道、简介、调查报告等应用文时，多用（　　）叙述。

A. 第一人称　　B. 第二人称
C. 第三人称　　D. 以上都可以

（二）多项选择题

1. 下列选项中，说法正确的有（　　）。

A. 撰写应用文时，所选用的材料必须是真实的
B. 撰写应用文时，所涉及的人、事、物是现实生活中客观存在的
C. 撰写应用文时，所引用的数据是经过科学测算的
D. 撰写应用文时，所发布、传达的上级指示是规范、确切的

2. 下列选项中，关于应用文材料的说法正确的有（　　）。

A. 事件、数据、例证等都可作为应用文的材料
B. 应用文的材料必须紧扣主题
C. 选择应用文的材料时，与主题无关或关系不大的材料可占较短篇幅
D. 应用文的材料应能够反映事物的本质和规律

3. 下列标题中，属于公文式标题的有（　　）。

A. 国务院关于发布《国家行政机关公文处理办法》的通知
B. 花园村走上了致富道路
C. 非法传销活动应予以禁止
D. 关于开展 2022 年教师节免费游园活动的通知

4. 下列选项中，属于根据式开头的有（　　）。

A. 根据《中华人民共和国中国人民银行法》的有关规定
B. 鉴于目前该资产融资担保的实际情况
C. 为促进婴幼儿照护服务发展
D. 按照语文教学大纲的要求

5. 在应用文写作中，常见的过渡词有（　　）。

A. 由此可见　　B. 虽然……但是
C. 综上所述　　D. 因此

6. 下列选项中，说法正确的有（　　）。

A. 80 人左右　　B. 200 多千米以上
C. 减少了两倍　　D. 近 10 万元

7．下列选项中，说法正确的有（　　）。

A．应用文的语言应质朴

B．应用文的语言表达应准确

C．应用文的语言应通俗易懂，不使用冷僻词语

D．应用文的语言表达应规范

8．撰写应用文时，常用的说明方法有（　　）。

A．比较说明　　B．数字图表说明

C．分类说明　　D．诠释说明

三、判断题

判断下列题目的正误，正确的在括号内画“√”，错误的在括号内画“×”。

1．应用文的阅读对象范围较广，且没有明确的针对性。（　　）

2．倡议书属于社交文书。（　　）

3．应用文可以有多个主题，解决多个问题。（　　）

4．典型材料可以是一个具体的人物，也可以是一些有说服力的数据。（　　）

5．应用文的结构主要包括标题、开头、正文和结尾 4 个部分。（　　）

6．标题“论专业银行的商业化改革”是新闻式标题。（　　）

7．原因式开头可由“因为”“由于”等介词引述，以揭示行文的合理性和必然性。（　　）

8．一般情况下，撰写单位的大事记、工作简报等应用文时应采用时间结构顺序。（　　）

9．结尾“希望认真执行”是建议式结尾。（　　）

10．“由此可见”“总而言之”“综上所述”可以作为应用文的结束语。（　　）

11．撰写应用文时，应大量使用缩略语，以压缩篇幅。（　　）

12．说明是报告类文书、产品说明书、经济合同等说明情况、解释事物的常用表达方式。（　　）

13．补叙的内容不是事件的组成部分，删除后不会影响内容的表达。（　　）

14．采用议论这种表达方式撰写应用文时，只需对事物直接加以论断，一针见血地提出论点，简要分析即可。（　　）

四、简答题

1．应用文的主题与文学作品的主题有哪些区别？

2．请简述应用文的写作要素。

3．请简述应用文的结构与写法。

4．请简述应用文的语言特点。

5．请简述应用文的表达方式。

五、反思与总结

日常应用文书写作

一、填空题

1．条据具有________、________、________、________和________的特点。

2．按内容和性质划分，条据可分为________和________两种类型。

3．一般书信是指________间来往的书信；专用书信是指________、________和________在某种特定场合用来联系公务、有一定使用规范和专门用途的书信。

4．在一般书信中，完整的称呼通常包括________、________和________。

5．根据标题“××电器 JX2318 操作指南”可判断，这是一份________。

6．证明信是________、________、________或________用来证明有关人员的身份、经历、表现、学历或其他事情的真实性的一种专用书信。

7．撰写证明信时，若对信中的事实情况把握不准，则应写上“________”字样。

8．倡议书所倡导的一般是对社会和公众________的事。

9．倡议书的导语部分要说明提出倡议的________、________和________。

10．________是个人或集体向组织、国家行政机关、企事业单位、社会团体表达愿望，提出某种请求时所撰写的专用书信。

11．申请书的主体部分要表明提出申请的________及________、________，有时还要表明申请人的________或________。

12．启事具有________、________、________

和__________________的特点。

13．启事的正文部分应在标题______________开始书写。

14．读书笔记常见的表现形式包括记录在________________________上，制作成__________________、______________、______________等。

15．______________（读书笔记的类型）是指在阅读书籍或文章后所写的认识、感想、体会和启发。

16．实习报告能够让老师全面具体地了解学生的收获，便于检查______________的教学效果。

17．实习报告具有________________、________________、______________和______________的特点。

18．______________是学生将所学过的科技知识融会贯通，进行工程设计或解决工程难题的成果。

19．一般情况下，毕业设计报告由__________________、__________________、______________、______________、______________、注释和参考文献7个部分组成。

二、选择题

（一）单项选择题

1.（　　）是人们处理日常事务时使用的作为某种凭据的应用文。

A．说明书　　B．条据

C．启事　　D．证明信

2．在日常生活、工作和学习中，人们欠他人的钱财、物品时应写（　　）。

A．借条　　B．领条

C．欠条　　D．收条

3．在一般书信中，称呼应（　　）写在第1行，后加冒号。

A．空两格　　B．空一格

C．顶格　　D．居中

4．在一般书信中，祝颂语“此致　敬礼”的正确写法是（　　）。

A．
　　此致
　　敬礼！

B．
　　　此致
敬礼！

C．
此致
　　敬礼！

D．
此致
　敬礼！

5. 下列选项中，不属于专用书信的是（　　）。

A. 家信　　B. 证明信

C. 倡议书　　D. 申请书

6. 下列选项中，关于产品说明书的说法正确的是（　　）。

A. 可以帮助消费者了解、认识产品

B. 可以仅使用专业术语介绍产品

C. 应使用较长的篇幅尽可能详细地介绍产品

D. 可以仅介绍产品的优点，以吸引消费者

7. 产品说明书应实事求是，所提及的概念要明确，所介绍的程序和方法要清楚，用语要准确。这说明产品说明书具有（　　）的特点。

A. 简明性　　B. 通俗性

C. 科学性　　D. 说明性

8. 以个人名义编写，用来证明某人或某事真实情况的证明信是（　　）。

A. 组织证明信　　B. 个人证明信

C. 随身携带证明信　　D. 身份证明信

9. 下列选项中，不适合使用倡议书行文的是（　　）。

A. 提倡垃圾分类　　B. 寻找丢失的钱包

C. 号召节约用水　　D. 倡导绿色出行

10. 下列选项中，不属于工作学习方面的申请书的是（　　）。

A. 入学申请书　　B. 工作调动申请书

C. 福利性住房申请书　　D. 奖学金申请书

11. 国家行政机关、社会团体、企事业单位及个人有事情需要公开告诉大众，或者希望他人给予支持、协助办理某事时应选用（　　）。

A. 倡议书　　B. 申请书

C. 启事　　D. 说明书

12. 启事的内容可涉及政治、经济、科学及日常生活等领域，其使用对象既可以是国家行政机关、企事业单位，也可以是社会团体或个人。这说明启事具有（　　）的特点。

A. 广泛性　　B. 公开性

C. 自主性　　D. 回应性

13.（　　）是指摘录书中重要内容的同时，写下个人对书中内容的看法和感悟的笔记类型。

A. 摘要式读书笔记　　B. 评注式读书笔记

C. 心得式读书笔记　　D. 以上都不是

14．实习报告要客观地记录实习情况，并总结实习过程中的经验和教训。这说明实习报告具有（　　）的特点。

A．客观性　　B．自身性

C．概括性　　D．感受性

15．根据标题"××商业大厦空调系统毕业设计说明书"可判断，这是一份（　　）。

A．产品说明书　　B．实习报告

C．毕业设计报告　　D．读书笔记

（二）多项选择题

1．下列选项中，属于说明式条据的有（　　）。

A．借条　　B．请假条

C．托事条　　D．留言条

2．下列选项中，可以作为凭证式条据正文内容的有（　　）。

A．条据涉及的姓名

B．条据涉及的钱物

C．借（领、欠）钱物的原因、用途、归还时间等事项

D．撰写条据的意图和需求

3．填写横式信封的内容时，要在收信人姓名下一行写明寄信人的详细地址，这样做的原因包括（　　）。

A．防止信件丢失　　B．便于收信人回信

C．表明寄信人的身份　　D．便于在信件无法投递时退回

4．一般情况下，一般书信的正文部分包括（　　）。

A．问候语　　B．缘起语

C．主体文　　D．结束语

5．产品说明书应向消费者介绍（　　）。

A．产品构造　　B．产品性能

C．产品用途　　D．产品保管方法

6．下列证明信的标题中，写法正确的有（　　）。

A．证明　　B．关于张×同志工作经历的介绍

C．证明信　　D．关于吴×同志身体状况的证明

7．按证明事项划分，证明信可分为（　　）。

A．身份证明信　　B．毕业证明信

C．事件证明信　　D．个人证明信

8. 下列倡议书的标题中，写法正确的有（　　）。

A. 文明饲养宠物倡议书

B. 创建国家卫生城市倡议书

C. “文明交通，我们行动”倡议书

D. 倡议书

9. 下列选项中，可以作为申请书的称谓的有（　　）。

A. ××党支部　　B. ××总经理

C. ××院领导　　D. 各位领导

10. 下列选项中，属于声明类启事的有（　　）。

A. 出租启事　　B. 征文启事

C. 寻物启事　　D. 开业启事

11. 撰写摘要式读书笔记时，可以摘录的内容包括（　　）。

A. 书中的重要观点　　B. 文章中的重要数字

C. 书中的原文内容　　D. 文章中的精彩段落

12. 下列实习报告的标题中，写法正确的有（　　）。

A. 暑假实习报告　　B. ××酒店实习报告

C. 会计实习报告　　D. 实习报告

13. 毕业设计报告的主体内容通常包括（　　）。

A. 设计原理与设计方案的论证　　B. 主要技术参数

C. 工作流程及技术性能　　D. 适用范围

三、判断题

判断下列题目的正误，正确的在括号内画“√”，错误的在括号内画“×”。

1. 凭证式条据不需要写明受文者称谓，说明式条据则应在页面的首行顶格写明受文者称谓。（　　）

2. 如果条据中的内容涉及款项、物品的数量，那么其中的数字必须大写且其前面不可留白，还应写上计量单位和“整”字。（　　）

3. 借条中的内容写错时，可用铅笔修改。（　　）

4. 收信人的邮政编码应填写在信封右下方的方格内。（　　）

5. 撰写一般书信的落款时，应根据寄信人与收信人的关系署名。（　　）

6. 产品说明书应以议论和抒情为主要表达方式，这样才能拉近与消费者之间的距离。（　　）

7. 产品说明书的常用说明方法包括列数据、做比较、下定义。（　　）

8. 撰写产品说明书的正文内容时，必须详细说明产品规格、操作规程、保养与维修、

注意事项等内容。 (　　)

9. 随身携带的证明信一般有一定的有效期，过期即自动失效。 (　　)

10. 证明信、倡议书、申请书都可以以“此致　敬礼”作为结尾。 (　　)

11. 倡议书只能由社会团体或组织提出。 (　　)

12. 倡议书中的称谓可依据倡议对象选用，也可以不加称谓，只在正文中明确倡议对象。 (　　)

13. 福利性住房申请书、结婚申请书或困难补助申请书都属于思想政治方面的申请书。 (　　)

14. 申请书的结语可以为希望批准或表示致敬的话语，也可以没有结语。 (　　)

15. 启事可以在宣传栏内公开张贴，也可以在报纸、杂志上刊登。 (　　)

16. “‘说文明话，做文明人，创文明城’征稿启事”作为启事的标题是正确的。 (　　)

17. 一则启事可以包含多个主旨。 (　　)

18. 阅读时为了解释书或文章中的专有名词、重要知识点而做的笔记属于注释。 (　　)

19. 札记的形式灵活多样，篇幅可长可短。 (　　)

20. 实习报告的标题可以采用正标题加副标题的结构形式。 (　　)

21. 实习报告的引言部分是对实习基本情况的简要概述，是实习报告中的必要元素。 (　　)

22. 毕业设计报告的前言应详细叙述项目的性质，以及设计的目的、效益、原理等内容。 (　　)

四、简答题

1. 请简述凭证式条据的结构与写法。

2. 请简述一般书信的结构与写法。

3. 撰写产品说明书时应注意哪些事项？

4. 请简述证明信的结构与写法。

5. 撰写证明信时应注意哪些事项？

6. 倡议书和建议书有哪些相同点和不同点？

7. 请简述申请书的结构与写法。

8. 请简述启事的结构与写法。

9. 请简述摘要式读书笔记的写法。

10．请简述实习报告的结构与写法。

11．撰写实习报告时应注意哪些事项？

12．请简述毕业设计报告的结构与写法。

五、病例修改

（一）指出下列条据的错误之处，并写在下面的方框内。

【条据一】

借　条

今借到公司财务部 2 100 元整，用于购买销售部举办元旦晚会所需物品。2022 年 12 月 20 日归还。

高磊

【条据二】

请假条

李老师：

因我表演的舞蹈节目被校团委选为 2022 年校园中秋晚会的演出节目，所以我需要参加节目彩排，不能来校上课，特此请假 3 天。

学生：王丽

2022 年 9 月 6 日

（二）指出下列证明信的错误之处，并写在下面的方框内。

实习证明

兹有经济管理系物流管理专业学生杨洋（学号为××××××××），自2022年7月1日至2022年8月31日在我公司市场部实习，岗位是实习美编。

该学生家住农村，父母在家务农。由于其家庭收入微薄，大学期间的高额学费和生活费使得本就经济困难的家庭雪上加霜。而且，其父母身体不好，更需要一笔大额的医疗费用。因此，该学生在暑假期间来到我公司实习。在实习期间，该学生工作认真、态度端正，在遇到不能解决的问题时，能虚心地向有经验的工作人员请教，并善于思考和总结，进而做到举一反三；对于他人提出的工作建议，能够虚心接纳；对于上级交代的任务，能够保质保量地完成，并将自己所学的理论知识灵活运用到工作中。同时，该学生严格遵守我公司的各项规章制度，在实习期间服从公司安排，尊敬公司的工作人员，并能与同事和睦相处。与该学生一起工作的工作人员都对其表现予以肯定。

广东××大学（公章）

20××年××月××日

（三）指出下列产品说明书的错误之处，并写在下面的方框内。

清凉油说明书

【药品名称】通用名称：清凉油。

【性状】本品为淡黄色软膏；气芳香，对皮肤有清凉刺激感。

【功能与主治】清凉散热，醒脑提神，止痒止痛。用于伤暑引起的头痛，晕车，蚊虫叮咬等。

【规格】每盒装 3 克。

【不良反应】尚不明确。

【禁忌】尚不明确。

【注意事项】

1. 本品为外用药，不可内服。
2. 眼睛、外阴等皮肤黏膜及皮肤破损处禁用。
3. 如涂抹部位有明显灼热感或瘙痒、局部红肿等情况，应立即停止用药，洗净，必要时应向医师咨询。
4. 对本品过敏者禁用，过敏体质者慎用。
5. 药品性状发生改变时禁止使用。
6. 儿童必须在成人监护下使用。
7. 请将本品放在儿童不能接触的地方。
8. 如正在使用其他药品，使用本品前请咨询医师或药师。

【贮藏】密闭，置阴凉处（不超过 20℃）。

【包装】铁盒包装，3 克/盒。

【有效期】36 个月。

【执行标准】略。

【批准文号】略。

【生产企业】××有限公司。

（四）指出下列启事的错误之处，并写在下面的方框中。

寻物启事

本人在××活动广场不慎将手提包丢失。有拾到者请与本人联系，不胜感激，定当酬谢！

启事人：赵静

2023 年 1 月 2 日

六、阅读分析

（一）阅读下列书信，并回答问题。

亲爱的奶奶：

您好！好久没有给您写信了，您的身体还好吗？听爸爸说，您今年夏天要来内蒙古。这是真的吗？

奶奶，等您来到内蒙古，我要带您去看大草原。大草原很漂亮！蔚蓝的天空中白云朵朵，辽阔的草原一碧千里，成群的牛羊在草原上奔跑，还有热情奔放的牧民骑着马、唱着歌。我相信，您来了之后一定会喜欢上美丽的大草原。

奶奶，等您来了内蒙古，我想让您尝尝我最喜欢吃的奶酪和牛肉干。妈妈说这些都是内蒙古的特产。我相信，您尝了之后也会喜欢的。

奶奶，您什么时候动身？希望您能早点来。

祝您

身体健康，万事如意！

孙女：玲玲

2022 年 11 月 14 日

（1）请简要分析这封书信的结构和内容。

（2）请简要分析这封书信的语言特点。

（二）阅读下列申请书，并回答问题。

转正申请书

尊敬的领导：

您好！

我于20××年××月××日成为公司的试用员工。作为一名应届毕业生，我初来公司时很担心不能快速融入新的工作环境，但公司融洽的工作氛围、积极向上的企业文化，让我很快地适应了公司的工作环境，并快速完成了从学生到职员的转变。

在本部门的工作中，我一直严格要求自己，认真完成领导布置的每一项任务；遇到不懂的问题时，我会虚心地向他人请教，并不断提高自己的业务能力。在此，我要感谢部门领导对我的悉心帮助。

经过试用期的磨炼，我现在已经非常熟悉工作流程，并掌握了各种工作技能。今基于以下理由申请转正，望领导批准。

（1）经过3个多月的自身努力，我的工作能力得到了很大的提升，希望能早日成为公司的正式员工。

（2）在试用期内，我对工作认真负责，严格遵守公司的各项规章制度，并与公司文化高度契合。

（3）我来自外地，生活方面的开支较大，而试用期薪酬与正式员工的薪酬相比较低，难以维持生活开支。

恳请领导给我锻炼自己、实现理想的机会。我将以谦虚的态度和饱满的热情做好我的本职工作，为公司创造价值，同公司一起展望美好的未来！

此致

敬礼！

申请人：张××

20××年××月××日

（1）请简要分析这篇申请书的结构和内容。

（2）请简要分析这篇申请书在语言风格上的特点。

（三）阅读下列读书笔记，并回答问题。

读书笔记

“我感到，人的一生总应有个觉悟时期（当然也有人终生不悟）。但这个觉悟时期的早晚，对我们的一生将起决定性的作用。实际上就是说我们应该做什么人，选择什么样的人生道路。”

注：摘录自《平凡的世界》，作者路遥，北京十月文艺出版社，2021 年 6 月出版，原文在第 256 页。

《老人与海》读书笔记

在这个假期里，我读了《老人与海》一书。这本书讲述了一名老渔夫与命运搏斗的故事。这名老渔夫连续 84 天没有捕到鱼，但他没有放弃，最终在第 85 天捕到了一条大马林鱼。然而，在返航途中，老渔夫遇到了一群鲨鱼。这群鲨鱼不断地撕咬大马林鱼，并袭击他的渔船，但他没有退缩，用尽全身力气与鲨鱼搏斗。当他回到岸边时，仅带回了一副大马林鱼的鱼骨。

读完这本书，我意识到自己不应该在生活中遇到一点困难就退缩，失败了就气馁，正如书中所言：“人不是为失败而生的，一个人可以被毁灭，但不可以被打败。”我要学习老渔夫身上坚持不懈、勇于拼搏的精神。在今后的生活中，我会勇敢面对困难，勇于战胜挫折。

（1）第 1 篇读书笔记的类型是＿＿＿＿＿＿。第 2 篇读书笔记的类型是＿＿＿＿＿＿。

（2）请简要分析这两篇读书笔记表达的内容和语言特点。

（四）阅读下列实习报告，并回答问题。

××酒店实习报告

××大学酒店管理专业 19 级一班　　李××

酒店管理是个讲究经验的职业，工作经验是求职时的优势。为了积累更多的工作经验，在学校的帮助下，加之自身的努力，我获得了到××市××酒店实习的机会。在 2023 年 2 月 1 日至 2023 年 6 月 1 日的实习期中，我遵守工作纪律，不迟到，不早退，认真完成领导交办的工作，并努力将自己所学的酒店管理理论知识向实践方面转化，尽量做到理论与实践相结合。我的努力得到了酒店领导的肯定。

一、实习单位和岗位介绍

××酒店位于××市的经济开发区，所处地段交通便利。酒店面积近 5 万平方米，酒店空间布局合理，配套设施完善，并设有中式、日式、法式、意式等特色餐厅，是一座时代感很强的国际五星级商务旅游酒店。

我所实习的部门是餐饮部的意式特色餐厅，主要工作内容是了解餐厅的日常工作，完成领导交给我的各项任务。

二、实习内容和过程

刚到酒店的第 1 天，我和其他几位实习生一样，表现得有些拘谨。办理完入职手续，搬进员工宿舍，经过一番打扫和互相认识之后，我们快速熟络起来。从第二天起，人事部对我们进行了为期 3 天的培训。首先，人事部带领我们了解了酒店的发展史、组织架构、设施和服务理念。然后，人事部又组织我们学习了接待礼仪与消防安全的基础知识。培训结束时，主管根据每个人的表现，把大家分配到不同的岗位。有了明确的工作身份后，我既紧张又兴奋，期盼着正式上岗。

刚开始，从一名学生转换成一名职员，我有些不太适应。在学校时，我们有事可以找老师和同学帮忙。酒店的领导虽然很亲切，但严格的规章制度还是让我有了更多的紧张感。

正式上岗的第 1 天，我就犯了两个错误。一是领班让我摆杯子，我不知道应该使用托盘拿杯子，而直接去备餐间把装杯子的筐搬了出来；二是领班让我去洗碗间拿些食碟，我也错拿成咖啡碟。我很自责，领班没有责怪我，反而在休息时安慰我："不要害怕做错事，做错了就改正过来，犯错才会成长，有不懂的地方就请教老员工，抓住机会多学习。"于是，我的心理包袱小了很多。在不断犯错和改正的过程中，我从不知道如何使用托盘上菜，分不清各种碗、碟的使用场景，到端着托盘也能端正、匀速地走路，对各种餐饮用具的摆放位置了如指掌，真正将抽象的理论知识运用到了实际工作中。

三、实习的主要收获和体会

经过这次实习，我感觉自己成长得非常快，特别是在人际交往方面。实习前，我不擅长与人打交道，但在实习的这几个月里，我与领导、客人、同事们相处融洽，我竭尽所能地完成领导安排的工作，尽力满足客人的需求，并对每一个同事都敞开心扉，分享成功经验；我也学会了谦虚行事，有不懂的地方虚心地向老员工请教，时刻保持一颗学习的心。

4 个月的时间过得很快，转眼就到了回学校的日子。回想刚去实习时，我的内心充满迷茫。但随着实习的深入，我逐渐对未来的职业选择有了清晰、理性的认识，也对职场有了深刻的体会。

酒店行业的前景是广阔的，但工作较为辛苦，初期进入这个行业的工资也不高，所以从事这个行业对我来说是个挑战。但要想向上走，就要做好吃苦耐劳的准备。经过这几个月的磨炼，我想我已经做好充分的准备，在酒店行业深耕，并寻求发展空间。这段实习经历也对我未来的工作选择产生了重要影响。感谢学校和酒店提供的这次实习机会。

2023 年 6 月 3 日

（资料来源：廖帆．应用文写作［M］．北京：人民邮电出版社，有改动）

（1）请简要分析这份实习报告的组成部分和各部分包含的内容。

（2）请简要分析这份实习报告的优点和缺点。

七、写作训练

（一）徐凤即将大学毕业，但尚欠学校学杂费 3 000 元，于是她向同学任芳借钱补交了学杂费。徐凤毕业后找到了工作，并很快将 3 000 元钱还给了任芳。请代徐凤写一份借条，代任芳写一份收条，字数不限。（可根据需要适当补充相关信息。）

（二）为了让全校师生树立节约用水的意识，养成良好的用水习惯，××大学校学生会想发一份倡议书，号召全校师生节约用水。请你拟写这份倡议书，字数不限。（可根据需要适当补充相关信息。）

（三）××大学在官网上公布了一则奖学金申请的通知，王丹看到后想写一份申请书，用以申请国家奖学金。请你帮王丹写这份申请书，字数不限。（可根据需要适当补充相关信息。）

（四）赵磊经营的餐厅具有浓厚的文化气息。为了更好地展示餐厅内的文化气息，并弘扬和传承中华饮食文化，赵磊打算为餐厅更换一个更新颖、简洁、有创意和文化底蕴的店徽。因此，他准备在网上发布一则征集店徽的启事。请你帮他写这则启事，字数不限。（可根据需要适当补充相关信息。）

（五）小李是××大学某学院的一名大三学生，在××公司的销售岗位实习了3个月。实习结束后，他所在的学院要求他写一篇实习报告。假设你是小李，请写这篇实习报告，字数不限。（可根据需要适当补充相关信息。）

八、反思与总结

模块二

求职应聘文书写作

一、填空题

1．简历是帮助求职者________的主要材料，也是用人单位对求职者进行________、________和________，并决定是否录用的主要依据。

2．文字式简历的常见种类包括________、________和________等。

3．撰写复合型简历时，求职者可以按照________列举个人信息，同时突出自身________和取得的________。

4．没有工作经验的大学应届毕业生适合采用________（简历类型），有过工作经验和实习经验的求职者适合采用________（简历类型）。

5．一般情况下，简历由________、________和________3 个部分组成。

6．________是求职者为达到求职目的而撰写的自我介绍和自我推荐的信函。

7．求职信可分为________和________两种类型。

8．求职信直接以文种名称“求职信”为标题，以体现其________和________。

9．求职信正文的导语部分应包括________、________和________3 个部分。

10．求职信的附件是证明个人成绩和成果的材料，常见的附件材料包括________、________、________、________，以及为谋求某个职位而写的论文和设想等。

11．________是个人在一定时期内，对自己的政治思想、能力水平、工作态度、工作和学习成效等进行自我评定的文书。

12．自我鉴定具有________和________的特点。

13．自我鉴定必须________，这意味着写作者要对自己有正确的认识和评价。

14．撰写自我鉴定时，应________，即进行主观评价的同时尊重客观事实。

15. 竞聘词由______、______、______、______、落款和附件 6 个部分组成。

二、选择题

（一）单项选择题

1. （　　）是指按照时间顺序列出工作经历、教育背景等信息的简历。

A. 功能型简历　　B. 复合型简历

C. 时序型简历　　D. 以上都正确

2. 功能型简历的核心内容是（　　）。

A. 工作经历与技能　　B. 求职意向

C. 取得的成绩　　D. 学历

3. 求职者想在简历中突出成就与能力的同时突出个人经历应采用（　　）。

A. 功能型简历　　B. 复合型简历

C. 时序型简历　　D. 以上都可以

4. 下列选项中，关于简历的说法错误的是（　　）。

A. 简历应一目了然，确保招聘者一眼就能看到他们需要的信息

B. 简历的语言表达应清楚、准确、规范、精炼

C. 简历应根据求职意向有重点地介绍自己的特长和爱好

D. 撰写简历时，可以适当夸大自己的成绩和荣誉，以获得面试机会

5. 撰写求职信时，应在（　　）处说明获取招聘信息的渠道和应聘职位。

A. 问候语　　B. 个人简介

C. 落款　　D. 求职意图

6. 下列选项中，关于求职信的说法正确的是（　　）。

A. 求职信的内容应详细具体，面面俱到

B. 求职信是简历的翻版，所以其内容应与简历的内容一致

C. 求职信的附件材料在精不在多

D. 求职信的称谓可以省略

7. 求职信中出现错别字、病句等错误时，会给招聘者留下求职者缺乏诚意和缺少职业素养的不良印象。因此，求职信要（　　）。

A. 自成一体　　B. 用语规范

C. 称呼得当　　D. 内容简练

8. 自我鉴定既要叙述自己的所作所为所得等基本情况，又要在此基础上作出中肯的自我分析和评价。这说明自我鉴定具有（　　）的特点。

A. 自述性　　B. 真实性

C. 评价性　　D. 具体性

9. 下列选项中，不属于自我鉴定的组成部分的是（　　）。

A. 标题　　B. 落款

C. 正文　　D. 称谓

10. 下列选项中，不适合作为自我鉴定正文部分的语句的是（　　）。

A. 本学年个人优缺点如下

B. 光阴似箭，日月如梭

C. 本期业务培训结束了，特自我鉴定如下

D. 今后我一定××××，争取进步

11. 撰写自我鉴定时，应遵循简洁朴实的原则，其字数最好控制在（　　）。

A. 200 字左右　　B. 500 字左右

C. 500～1 000 字　　D. 1 000～2 000 字

12.（　　）是竞聘者为了实现竞聘成功，展示自我形象，展露竞聘条件和竞聘优势，阐述个人理念及决心的演讲稿。

A. 个人简历　　B. 求职信

C. 自我鉴定　　D. 竞聘词

13. 下列选项中，关于竞聘词内容的具体性的说法错误的是（　　）。

A. 竞聘词指向的明确性决定了其内容的具体性

B. 讲自己的学识水平时，要以抽象的术语、理论等来佐证

C. 讲自己的工作能力时，要用具体的事例说明

D. 讲自己应聘后的设想时，要结合具体的工作内容阐述

14. 下列竞聘词的标题中，写法错误的是（　　）。

A. 关于竞聘××的演说词

B. 明明白白做人，实实在在做事——竞聘学校办公室主任的演讲

C. 学生会主席的竞聘词

D. 竞聘××班班长的一封信

15. 下列选项中，关于竞聘词正文部分的说法错误的是（　　）。

A. 正文的开头部分主要是祈请或感谢用人单位或领导能抽出时间听自己的演说

B. 竞聘词的基本情况是竞聘词的总论点部分

C. 撰写竞聘者的各种素质时，应重点写好自身的政治素质

D. 撰写竞聘者的打算时，应写明竞聘者对被聘任后所任职务的工作目标及实施计划的设想

16．下列选项中，不能作为竞聘词希望与结语部分的语句的是（　　）。

A．感谢××给予机会让我参加本次竞聘演说，恳请评委和与会同志指教

B．希望你们能为我提供一个展示才华的舞台

C．祝领导、同事们工作顺利、身体健康

D．希望您给我一次机会

17．下列选项中，关于求职应聘文书的说法错误的是（　　）。

A．简历是求职者自我营销的工具

B．求职信是求职者根据用人单位的要求投递的信函

C．自我鉴定的语言表达应简明扼要

D．撰写竞聘词时，要注意其内容表达的“度”，不能说得过头，以免令听众反感

（二）多项选择题

1. 撰写简历时，求职者应向用人单位或部门的负责人有选择、有重点地介绍自己的（　　）。

A．生活经历　　B．学习经历

C．工作经历　　D．荣誉与成就

2．下列选项中，适合采用功能型简历的求职者包括（　　）。

A．部分工作经历和技能与应聘职位无关的求职者

B．曾有过事业巅峰的求职者

C．只想突出与应聘职位相关的内容的求职者

D．工作经历有中断或存在特殊问题的求职者

3．一般情况下，简历的正文部分应包括（　　）。

A．个人基本信息　　B．求职意向

C．教育背景　　D．工作经历

4．撰写简历时，应届毕业生可以写的工作经历包括（　　）。

A．勤工助学的经历　　B．参加团体组织的经历

C．义务工作的经历　　D．课外活动的经历

5．撰写简历时，需要注意的事项包括（　　）。

A．篇幅简短　　B．内容真实

C．表达准确　　D．语言通俗易懂

6．求职信的主要作用包括（　　）。

A．帮助用人单位初步了解求职者

B．激发用人单位对求职者的兴趣

C．帮助求职者进行自我反思

D．帮助求职者进行自我评价

7. 下列选项中，可以作为求职信称呼的有（　　）。

A. 给有关负责人　　B. 尊敬的招聘经理先生

C. 尊敬的人事部女士　　D. 尊敬的先生

8. 下列选项中，关于求职信主体部分的说法正确的有（　　）。

A. 应重点介绍自己与招聘岗位相关的专业背景和工作经历

B. 应表明自己胜任该项工作的信心，恳请用人单位给予自己面试机会和工作机会

C. 应紧扣用人单位的核心要求，突出自身的专业优势

D. 初次就业的毕业生应突出自己的实习经历

9. 下列选项中，不属于自我鉴定的作用的有（　　）。

A. 总结自己以往的思想、工作、学习和生活

B. 有助于写作者顺利进入职场

C. 有利于写作者展露竞聘优势

D. 对写作者的生活进行阶段性总结

10. 撰写自我鉴定时，需要注意的事项包括（　　）。

A. 内容全面　　B. 有理有据

C. 实事求是　　D. 简洁朴实

11. 下列选项中，关于竞聘词的附件材料的说法正确的有（　　）。

A. 附件是竞聘词不可忽视的组成部分

B. 附件材料在精不在多

C. 附件是领导权衡是否聘用竞聘者的重要参考凭证

D. 学历复印件可以作为附件材料

12. 下列选项中，关于竞聘词的说法正确的有（　　）。

A. 应根据演讲的时间要求确定竞聘词的篇幅

B. 内容要有针对性

C. 要详细具体地表述个人的主要特长

D. 当同一类工作成果不止一项时，应详细介绍每个项目

三、判断题

判断下列题目的正误，正确的在括号内画“√”，错误的在括号内画“×”。

1. 近期所担任的职务足以体现自身竞争优势的求职者适合采用时序型简历。（　　）

2. 功能型简历需要分析和说明求职者的专长和优势。（　　）

3. 应届毕业生、退伍军人或想改行的求职者适合采用时序型简历。（　　）

4. 一份简历中可以写一到两个求职意向。（　　）

5. 撰写简历中的教育背景时，求职者应从最低学历写起。（　　）

6. 撰写简历时，求职者应重点介绍与求职目标相关的工作经历和成绩。（　　）

7. 非定向求职信比定向求职信更具有优势。（　　）

8. 求职信由标题、正文、祝颂语和落款 4 个部分组成。（　　）

9. “此致 敬礼”“谨祝公司蓬勃发展”都可以作为求职信的祝颂语。（　　）

10. 求职信的附件材料越多越好。（　　）

11. 撰写求职信时，其语言应简洁，意思应清楚，主题应突出，避免空泛啰唆或拖沓冗长。（　　）

12. 自我鉴定是通过自己的语言对自己在一定时期内的表现进行系统、真实的回顾。（　　）

13. 自我鉴定的正文部分由前言、优点、缺点和今后打算 4 个部分组成。（　　）

14. 对于学生而言，自我鉴定应从德、能、勤、绩 4 个方面分析。（　　）

15. “金无足赤，人无完人”可以作为自我鉴定的结语。（　　）

16. 撰写竞聘成功后的目标时，应围绕竞聘岗位的热点、难点和重点来写。（　　）

17. 竞聘词落款处的姓名前必须加谦称限定语。（　　）

18. 竞聘者的演讲时间一般在 5～15 分钟，因此，竞聘者撰写的竞聘词最好不超过 2 000 字。（　　）

19. 竞聘词针对“竞聘”一事而写，应说明竞聘的目的和理由，竞聘成功后所要达到的工作目标和保证目标实现拟采取的各项措施等。（　　）

20. 个人简历、自我鉴定和竞聘词都由标题、正文和落款 3 个部分组成。（　　）

四、简答题

1. 请简述个人简历的结构与写法。

2. 撰写个人简历时应注意哪些事项？

3. 请简述求职信的结构和写法。

4. 撰写求职信时应注意哪些事项？

5. 简历和求职信有哪些区别？

6. 自我鉴定有哪些作用？

7. 请简述自我鉴定的结构与写法。

8. 撰写自我鉴定时应注意哪些事项？

9. 请简述竞聘词的结构与写法。

10. 撰写竞聘词时应注意哪些事项？

五、病例修改

（一）指出下列简历的错误之处，并写在下面的方框内。

个人简历

姓　名：孙××

个人简介：

本人性格开朗，诚实正直，责任心强；有良好的文字功底和较强的语言驾驭能力，能独立完成新闻访谈、稿件编写等工作；有较强的团队合作精神，良好的沟通能力和执行力。

教育经历：

2015 年 9 月—2019 年 7 月，就读于××大学新闻学专业。

专业知识：

广播电视概论、广播电视技术基础、广播电视新闻采访与写作、广播电视编辑与节目制作、电视专题与电视栏目、电视摄像、广播电视史、广播电视法规与广电职业道德、播音主持艺术等。

工作经历：

2019 年 7 月—2023 年 4 月，任职于××电视台，主要负责一档民生类栏目的相关工作。

工作技能：

在将近 4 年的工作实践中，本人的新闻采访能力、稿件编写能力、新闻摄影能力、视频制作能力等都大幅提升。

（二）指出下列求职信的错误之处，并写在下面的方框内。

求职信

敬爱的杨××总经理：

您好！

我是××大学××系的应届毕业生。我在学校官网上看到贵公司的招聘信息，对贵公司的××岗位非常感兴趣。因此，我希望能到贵公司工作。

虽然我毕业于全国一流的高校，同时是一名获得全额奖学金的高才生，但是我的身上还有许多不足之处。例如，知识面不广，社交能力不强，处理事情不果断，常有一些不切实际的想法，等等。今后，我将努力克服这些缺点，并发挥自身优势。恳请贵公司聘用我，我一定不负厚望，把本职工作做好，为公司创造效益。

现已有多家公司决定聘用我，所以请贵公司从速答复。

祝贵公司事业蒸蒸日上！

刘××

20××年××月××日

（三）指出下列自我鉴定的错误之处，并写在下面的方框内。

自我鉴定

转眼间，4 年的大学生活即将结束。在这 4 年里，我得到了学校、老师和同学们的帮助，收获颇丰。在校期间，我一直以积极、乐观的态度面对学习和生活，并努力提高自身的学习能力和综合素质等。现特自我鉴定如下。

在思想上，我的思想积极进步，具有较高的政治觉悟。

在学习上，我具有明确的学习目标，并不断发掘自己的潜力。

在生活上，我与同学们融洽相处，互帮互助，共同进步。

陈××

20××年××月××日

（四）指出下列竞聘词的错误之处，并写在下面的方框内。

关于竞聘××大学学生会副主席的演讲稿

我叫张××，来自××学院××级1班。今天，我竞选的职位是学生会副主席。假如我能当选为学生会副主席，我将开展以下工作。

首先，我将明确自身职责，并起到表率作用。加入学生会以来，我发现学生会存在很多问题，无法真正做到为学校和同学们服务。为了改变学生会的现状，我参加了这次学生会副主席的竞选。如果我能成功当选，我会以身作则，用实际行动号召学生会成员为学校和同学们服务，并坚决抵制不良风气。

其次，我会努力提高学生会的团队凝聚力。具体而言，我会大力开展团队合作活动，例如，在学生会内部开展辩论赛或讨论会等。通过这些活动，让学生会的成员畅谈自己的想法，同时了解他人的观点，促进学生会成员之间的交流，进而提高学生会的团队凝聚力。

我会用饱满的热情和积极的心态为同学们服务，为学校服务，希望大家支持我。

此致

敬礼！

赵××

20××年××月××日

六、阅读分析

（一）阅读下列简历，并回答问题。

个人简历

姓　名：张××　　　　性　别：女

地　址：××省××市　　　　邮　编：××××××

手　机：131××××××××　　　　E-mail：×××××××××@qq.com

学　历：本科　　　　政治面貌：团员

求职意向：市场营销相关工作岗位，每周可实习 5 天

教育背景：

2019.9—2023.6　　××大学　　市场营销专业

主修课程：市场营销管理、营销策划、零售营销、品牌管理等

绩点：3.7（满分 4 分）

荣誉证书：2022 年××大学学生会优秀干部

在校经历：

2022.6—2022.8　　××公司市场营销实习生

- 根据业务部经营目标与战略，定期策划营销活动，并撰写策划活动方案 6 份
- 负责营销活动执行和效果跟踪，活动累计覆盖 3 000 人
- 撰写活动总结报告，并在公司会议上进行汇报

2021.2—2023.5　　××大学学生会副主席兼外联部部长

- 招募外联部成员，部门人数由 10 人上升为 35 人，重新建立外联部组织架构，设立校内联络组、招商组、预算管理组，并制订部门管理制度
- 任职期间，带领部门成员成功获得外部赞助 6 次，承办企业委托的大型比赛两次（××可乐校园歌手大赛、××杯案例分析大赛），累计覆盖人群达 2 000 人
- 任职期间，外联部连续两年被评为学生会最佳部门

技能证书：

英语六级证书；普通话二级乙等证书；计算机二级证书

（1）这篇简历的类型是________________________。

（2）请分析这篇简历是否符合写作要求？并说明理由。

____

____

____

____

（3）请简要分析这篇简历的特点。

（二）阅读下列求职信，并回答问题。

求职信

尊敬的领导：

您好！

首先向您辛勤的工作致以深深的敬意，也真诚地感谢您在百忙之中阅读我的求职信。我叫李敏，是××大学幼儿保育专业的学生，将于20××年××月毕业。我于近期获知贵园正在招聘幼儿保育员，于是怀着对贵园的向往写了这封求职信。

我深知作为一名幼儿保育员需要掌握扎实的理论知识，具备良好的专业素养。在校4年，我系统地学习了本专业的课程，掌握了学前儿童身心发展与教育的基本理论和幼儿园保育工作的基本要领，了解了幼儿营养、安全照护等方面的知识，具有观察、识别、记录幼儿言行和情绪表达等基本技能。我曾在学院举办的“幼儿保育专业学生技能大赛”中荣获一等奖，还获得了保育员资格证书。此外，我做事有耐心且细致，具有较强的亲和力和语言表达能力，能够给予幼儿全面的照顾和关爱。

鉴于以上情况，我相信我能胜任贵园的幼儿保育员这一岗位。希望贵园能够给我这个机会，让我加入你们的职工队伍。我一定会珍惜这来之不易的工作机会，努力提升自己的工作能力，为贵园的发展贡献自己的力量。

此致

敬礼！

李敏

20××年××月××日

联系地址：××省××市××区××街××号

邮政编码：××××××

联系电话：×××××××××××

附件：1. 本人简历及近照一张

2. 各科成绩登记表

（1）这封求职信的类型是________________________。

（2）请简要分析这封求职信的结构和内容。

（3）请简要分析这封求职信的特点。

（三）阅读下列自我鉴定，并回答问题。

自我鉴定

大学的第 1 学年，就这样匆匆而过。本人现就这一年的收获和不足进行总结，以明确自己未来的努力方向。

在思想上，本人热爱祖国，坚决拥护中国共产党的领导，遵纪守法，爱护公物。

在学习上，本人态度端正，现已完成本学年学院安排的专业理论基础课程的学习，且期末成绩优秀。同时，本人注重培养自己的计算机应用能力，已熟练掌握常见办公软件的操作技巧。在课余时间，本人还阅读了不少文学、心理学等方面的书籍，以拓宽自己的知识面。

在班级工作上，本人通过自荐当选为××学院××级 2 班的班长。在完成班级日常管理工作的过程中，我的组织管理能力得到了锻炼，人际交往能力得到了提升。任职期间，本人认真完成老师交办的各项工作，积极组织班级集体活动，促进班级同学之间的交流和互动，增强了班级同学的团队意识，我的辛苦付出得到了老师和同学们的肯定和赞扬。

在生活上，本人诚实友善，乐于助人，团结同学，尊敬师长。同时，本人坚持早睡早起，积极参加体育锻炼，养成了良好的生活习惯。

但是，本人也存在一些缺点和不足，具体如下。

（1）在英语学习上花费的时间较少，没有更进一步提高自己的英语听、说、读、写能力。

（2）一遇到困难就想逃避。在之后的学习和工作中，我会勇敢面对困难，并努力克服逃避心理。

大学的第 1 学年已经过去，第 2 学年即将到来，我将更加努力，认真学习专业知识，提升与人交往的能力，提高自己的思想觉悟，做一名合格的大学生。

陈××

20××年×月×日

（1）请简要分析这篇自我鉴定的结构和内容。

（2）请简要分析这篇自我鉴定的特点。

（四）阅读下列竞聘词，并回答问题。

踏浪前行风正劲，奋楫（jí）扬帆启新程

——××公司××部门主管竞聘演讲

尊敬的各位领导，亲爱的同事们：

大家好，我是顾××。首先，感谢公司给予我参加此次竞聘演讲的机会，也感谢各位领导对我的培养和关怀，以及各位同事对我的关心和帮助，让我能够在这里展现自己。

今天，我竞聘的岗位是××部门主管。自20××年加入××公司以来，我一直在××部门担任××职位。回顾自身的成长经历，我想用3个关键词来讲述我的竞聘优势。

第1个关键词是专业。我具有扎实的专业基础。为了更好地提高业务水平，我不断丰富自身的知识储备，始终坚持学习相关的专业理论知识，同时提高自己的英语听、说水平，我还利用业余时间考取了相关的职业证书，现已获得了××职称。

第2个关键词是经验。我具有丰富的管理经验。我善于组织和协调团队工作，并能悉心听取他人的意见和建议。在我的管理和带领下，我负责的××项目成功地缩短了生产时间，为公司节省了10%的成本。我的管理能力获得了部门领导和同事的一致好评。在20××年至20××年，连续4年被评为公司先进个人。

第3个关键词是素质。我具有优良的个人素质。作为党员，我勇于担当，积极发挥先锋模范作用。在工作中，我勤于思考，善于接受新事物，具有创新思维，并主动优化了××工作流程。

如果我能得成功当选为××部门主管，我将围绕以下几个方面开展工作。

（略）

踏浪前行风正劲，奋楫扬帆启新程。对我来说，参加此次竞聘，既是一次机遇，也是一次挑战。无论结果如何，我都会以今天的竞聘作为新起点，踏实奋进，以更加饱满的精神状态、更加优异的工作业绩，回报公司和长期以来关心、支持、帮助我的各位领导和同事们。

谢谢大家！

顾××

20××年××月××日

（1）这篇竞聘词的标题由哪几个部分组成？

（2）请简要分析这篇竞聘词的结构和内容。

七、写作训练

（一）小李是××大学统计学专业的一名应届毕业生，他想为自己制作一份个人简历，用于学校举办的秋季招聘会，以获得一份令自己满意的工作。请你帮小李写这份简历，字数不限。（可根据需要适当补充相关信息。）

（二）某公司在网上刊登了一则实习生招聘信息，具体如下。

招聘启事

随着本公司业务的不断扩大，现根据公司需求，诚聘人力资源实习生若干名，具体条件如下。

一、岗位描述

主要协助人事专员处理与招聘相关的工作，具体职责如下。

（1）负责筛选招聘简历和电话邀约面试者。

（2）负责接待面试者。

（3）负责整理和分析与招聘工作相关的数据。

（4）完成上级交代的其他工作。

二、岗位要求

（1）一周实习 5 天，实习期不少于 3 个月。

（2）擅长思考，热爱钻研，具有较强的逻辑性。

（3）热爱人力资源工作，具有良好的理解能力和沟通协调能力。

三、工作地点

××省××市××公司总部

四、招聘流程

（1）请于20××年××月××日前，将个人简历及附件材料投递至××××××邮箱。

（2）简历通过筛选后，请按照短信通知中的要求按时参加面试。

联系人：×××

电话：×××××××××××

××公司

20××年××月××日

小徐看到这则招聘启事后，对该岗位非常感兴趣。因此，她想写一份求职信，为自己争取面试机会。请你帮小徐写这封求职信，字数不限。（可根据需要适当补充相关信息。）

（三）小张办理毕业手续时，需要写一份自我鉴定存入个人档案中。假设你是小张，请写一份自我鉴定，字数不限。（可根据需要适当补充相关信息。）

（四）小刘是××大学××学院的大二学生，也是院学生会学习部的普通成员。院学生会将于6月召开换届大会，届时将从现有成员中选出新一届的学习部部长。小刘想参与学习部部长的竞聘。因此，他需要写一份竞聘词。请你帮小刘写这份竞聘词，字数不限。（可根据需要适当补充相关信息。）

八、反思与总结

党政机关公文写作

一、填空题

1．根据《党政机关公文处理工作条例》的有关规定，党政机关公文是党政机关实施领导、履行职能、处理公务的具有________和________的文书。

2．按行文方向划分，公文可分为________、________和________。

3．根据《党政机关公文处理工作条例》的有关规定，我国现行的党政机关公文共分为________种。

4．根据《党政机关公文格式》的有关规定，版心内的公文格式各要素分为________、________和________3个部分。

5．紧急程度是指公文送达和办理的________。

6．完整的公文标题是由________、________、________组成的。

7．通知可分为3种类型，即________、________和________。

8．一般情况下，通知由________、________、________、________和________组成。

9．通报是用于表彰先进、________、传达重要精神和________的公文。

10．________可以在一定范围内传播工作中出现的新情况、新问题、新经验、好坏典型等。

11．按表达方式划分，通报可分为两种类型，即________和________。

12．根据标题“××省农业银行关于信贷扶贫工作的报告”可判断，这是一份________报告。

13．________（报告的类型）是指向上级机关或领导反映本机关、本地区发生的特殊情况、较大事故、突发事件等的报告。

14．请示是________（行文方向），只限于下级机关向上级机关递交，且不适用于没有直接隶属关系的单位之间。

15．下级机关对上级政策、规定产生疑问，或者在工作中遇到难以解决的问题，请求上级机关予以明确答复时，应使用____________（请示的类型）。

16．____________是对请示的回文，是下行文。

17．按内容特点划分，批复可分为____________、____________和____________3 种类型。

18．批复的开头通常引述____________、____________、____________或____________作为依据。

19．____________是党政机关对重要事项作出决策和部署、奖惩有关单位和人员、变更或者撤销下级机关不适当决定事项的一种指挥性公文。

20．根据标题“国务院关于修改《中华人民共和国外资银行管理条例》的决定”可判断，这是一份____________（决定的类型）。

21．在决定的标题中，不能省略的组成部分是____________和____________。

22．函是不相隶属机关之间____________、询问和答复问题、____________和____________事项的公文。

23．函的正文开头应该写明发函的____________、____________或依据。

二、选择题

（一）单项选择题

1．下列选项中，不属于我国党政机关公文文种的是（　　）。

A．规定　　B．意见

C．议案　　D．函

2．如果需要标注公文的紧急程度，那么应将其顶格编排在版心的（　　）。

A．右上角　　B．右下角

C．左上角　　D．左下角

3．下列选项中，密级和保密期限的标注形式正确的是（　　）。

A．保密★三十年　　B．绝密●三十年

C．保密●30 年　　D．绝密★30 年

4．撰写党政机关公文时，应当写出（　　）。

A．发文机关的简称或缩写　　B．发文机关的全称或简称

C．发文机关的全称或别称　　D．发文机关的全称或规范化简称

5．下列选项中，关于党政机关公文发文字号的标示，正确的是（　　）。

A．×府发〔2023〕6 号　　B．×府发（2023）6 号

C．×府发〔23〕6 号　　D．×府发（23）6 号

6．写（　　）时应当在公文上标注签发人姓名。

A．上行文　　B．下行文

C．平行文　　D．所有公文

7．使用（　　）这一文种时，应在附注处注明发文机关联系人的姓名和电话号码。

A．报告　　B．请示

C．函　　D．批复

8．适用于发布、传达要求下级机关执行和有关单位周知或者执行的事项的文种是（　　）。

A．通知　　B．决定

C．请示　　D．报告

9．××市市政部门要对花园街道进行围挡施工，拟将此事行文告诉公众，应使用的文种是（　　）。

A．通报　　B．报告

C．通知　　D．决定

10．（　　）必须包含附件，附上相关文件的全文。

A．指示性通知　　B．周知性通知

C．颁转性通知　　D．所有通知

11．根据标题“国务院关于成立国家行政学院的通知”可判断，这是一份（　　）。

A．指示性通知　　B．转发性通知

C．知照性通知　　D．发布性通知

12．情况类通报主要用于（　　）。

A．表彰先进单位或个人，介绍先进事迹，推广典型经验

B．传达重要精神和动向，沟通重要情况

C．批评某一错误事实或具有代表性的错误倾向

D．陈述其下属单位的先进事迹、典型经验、错误事实或者相关情况，然后在此基础上分析、评价，提出处理意见

13．向上级机关汇报工作、反映情况，答复上级机关询问时应使用的文种是（　　）。

A．通知　　B．决定

C．请示　　D．报告

14．报告的主送机关一般为发文机关的直属上级机关（或上级业务指导机关）。这说明报告具有（　　）的特点。

A．单一性　　B．双向性

C．灵活性　　D．事前性

15. 下列选项中，可以使用报告行文的是（　　）。

A. ××县农业局拟行文请求县政府解决抗旱保栽的资金物资

B. ××市人民政府向下级下达2019年无偿献血计划的通知

C. ××县人民政府拟向上级汇报农民负担情况的调查结果

D. ××市档案局提出了抢救历史档案的意见，请市政府批转各地各部门执行

16. 某县人事局拟行文请求市人事局增拨补充农村服务体系工作人员计划指标30名，应使用的文种是（　　）。

A. 请示　　B. 报告

C. 通报　　D. 通知

17. 针对下级机关对有关法律、法规、政策、措施等的询问而进行解答的批复是（　　）。

A. 肯定性批复　　B. 否定性批复

C. 请求性批复　　D. 解答性批复

18. 向国内外宣布重要事项或者法定事项时应使用的文种是（　　）。

A. 请示　　B. 报告

C. 通报　　D. 决定

19. 不相隶属机关之间请求批准时，应使用的文种是（　　）。

A. 请示　　B. 报告

C. 函　　D. 批复

20. 单位与单位之间询问问题、征求意见的函是（　　）。

A. 商洽函　　B. 答复函

C. 询问函　　D. 请批函

（二）多项选择题

1. 下列选项中，关于公文的作用说法正确的有（　　）。

A. 指挥和指导作用　　B. 凭证和依据作用

C. 宣传和教育作用　　D. 沟通和协调作用

2. 按机密程度和阅读范围划分，公文可分为（　　）。

A. 公布公文　　B. 外部公文

C. 内部公文　　D. 机密公文

3. 公文的秘密等级可分为（　　）。

A. 绝密　　B. 机密

C. 秘密　　D. 保密

4. 公文的发文字号是由（　　）组成的。

A. 发文机关代字　　B. 年份

C. 发文顺序号　　D. 主送机关

5. 撰写通知时，需要注意的事项包括（　　）。

A. 主题集中，一事一文　　B. 结构合理，详略得当

C. 重点突出，措施具体　　D. 讲究时效，快捷及时

6. 通知与通报的区别包括（　　）。

A. 行文目的和用途不同　　B. 行文内容不同

C. 行文对象不同　　D. 表述方式不同

7. 下列选项中，属于上行文的文种有（　　）。

A. 报告　　B. 请示

C. 通知　　D. 批复

8. 按适用范围、内容和作用划分，通报可分为（　　）。

A. 表彰性通报　　B. 批评性通报

C. 情况类通报　　D. 转述式通报

9. 报告适用于（　　）。

A. 询问上级机关事项　　B. 向上级机关汇报工作

C. 向上级机关反映情况　　D. 回复上级机关的询问

10. 下列标题中，写法正确的有（　　）。

A. ××市人事局关于请求批准组建××市行政学校的报告

B. ××县人民政府关于解决我县高寒山区贫困户移民搬迁经费的请示

C. ××县人民政府关于请求将××风景区列为省级自然保护区的请示报告

D. ××市人民政府关于解决抗旱保栽资金物资的请示

11. 一般情况下，批复的正文部分由（　　）组成。

A. 批复引语　　B. 批复意见

C. 落款　　D. 结语

12. 下列选项中，可以作为函的结尾用语的有（　　）。

A. 不知贵方意见如何　　B. 即请函复

C. 特此函复　　D. 恳请协助

三、判断题

判断下列题目的正误，正确的在括号内画“√”，错误的在括号内画“×”。

1. 请示和汇报都是我国党政机关公文的文种。（　　）

2. 在公文的标题中，除法规、规章名称加书名号外，一般不使用标点符号。（　　）

3. 党政机关公文的版头位于公文首页的下端。（　　）

4. 在联合行文时，如果需要同时标注联署发文机关名称，一般应将主办机关名称排列在前。 （ ）

5. 党政机关公文的标题排列应当使用梯形或菱形，且“的”字不排行首。 （ ）

6. “××学院关于成立大学生心理健康咨询中心的通知”作为通知的标题是正确的。 （ ）

7. ××县信访办答复群众来信时，应使用通知这一文种。 （ ）

8. “××转发科委两个《通知》的通知”作为通知的标题是正确的。 （ ）

9. 内容繁多的通知可采用分条列项的条文式结构。 （ ）

10. 通报是上行文。 （ ）

11. 叙述、议论是通报的主要表达方式。 （ ）

12. 撰写通报事例时，应注意详略得当，既不能写得太过简单，也不能太过详细。 （ ）

13. “百尺竿头，更进一步——宣传部 2022 年工作报告”作为报告的标题是错误的。 （ ）

14. 报告适用于有直接隶属关系的上下级机关。 （ ）

15. “关于治理××河水质污染问题的报告”作为报告的标题是正确的。 （ ）

16. “以上报告当否，请指正”可以作为报告的结尾。 （ ）

17. 撰写答复报告时，可以根据上级机关或领导的询问借题发挥。 （ ）

18. 报告的内容必须真实，不能有丝毫虚假。 （ ）

19. 报告必须一事一文，切勿夹带。 （ ）

20. “××乡人民政府关于项目用地调整完善土地利用规划的请示”作为请示的标题是正确的。 （ ）

21. 请示可以主送多个上级机关或主管部门。 （ ）

22. 请示时可以跨级发文，即越过直属上级机关请示问题。 （ ）

23. 对请示的批复一般分为完全同意、不完全同意和完全不同意 3 种类型。 （ ）

24. “关于大学生就业指导中心的批复”作为批复的标题是正确的。 （ ）

25. “××××年××月××日来文收悉”可以作为批复的开头。 （ ）

26. 一份批复中可以涉及多份请示的回复。 （ ）

27. “关于调整预备役部队领导体制的决定”作为决定的标题是正确的。 （ ）

28. 函可以用于向有关主管部门请求批准特定事项。 （ ）

29. ××县教育局行文请求县财政局增拨希望工程资金，应使用的文种是函。 （ ）

四、简答题

1．请简述通知的结构与写法。

2．撰写通知时应注意哪些事项？

3．请简述通报的结构与写法。

4．撰写通报时应注意哪些事项？

5．通知和通报有哪些区别？

6．请简述报告的类型及其适用范围。

7．撰写报告时应注意哪些事项？

8．请简述请示的结构与写法。

9．请示和报告有哪些区别？

10．撰写批复时应注意哪些事项？

11．请简述决定的结构与写法。

12．请简述函的结构与写法。

13．撰写函时应注意哪些事项？

14．请示和函有哪些区别？

15．你认为应该怎样修改公文？

五、病例修改

（一）指出下列通知中的错误之处，并写在下面的方框内。

关于召开全省民政工作会议的通知

×府发〔20××〕××号

各市人民政府、行政公署，省直各单位：

为了贯彻全国民政工作会议精神，省政府决定召开全省工作会议。会议的主要议题是：传达学习全国民政会议的主要文件和领导讲话，讨论研究贯彻的意见和措施，请你们提前做好准备。

参加会议人员：各市人民政府、行政公署分管民政工作的领导同志和各市、行署的民政局局长，省直各单位的负责同志。

会议拟开五天，地点在××宾馆，于8月15日前来报到。

××省人民政府办公厅

20××年×月×日

（二）指出下列通报中的错误之处，并写在下面的方框内。

××市人民政府的通报

×府发〔20××〕××号

各区县（自治县）人民政府，市政府各部门，有关单位：

根据《××市市长质量管理奖评选办法（修订）》（×府办〔20××〕××号），经评审委员会审议、市第5届人民政府第××次常务会议审定，决定授予××国际复合材料股份有限公司、××京东方光电科技有限公司、英业达集团（××）电子技术有限公司、××三峰卡万塔环境产业有限公司4家企业第7届××市市长质量管理奖，××建峰化工股份有限公司、××盾之王实业有限公司、××威斯特电梯有限公司3家企业第7届××市市长质量管理奖提名奖。

××市人民政府

20××年10月30日

（此件公开发布）

（三）指出下列报告中的错误之处，并写在下面的方框内。

关于我镇化工厂爆炸事故的报告

×府〔20××〕××号

××县政府：

20××年××月××日下午，我镇化工厂发生了一起严重的爆炸事故，事故造成一定的人员伤亡和财产损失。这是我们工作的失职，特向县领导做深刻检讨。事故发生后，消防队员、公安民警当即赶到现场紧急救援，努力把损失降到最低。至于事故原因，尚在调查之中。据说，此次事故可能是职工操作失误所致。

特此报告。

××县××镇人民政府（公章）

20××年××月××日

（四）指出下列请示中的错误之处，并写在下面的方框内。

请　示

因工作需要，我县急需购买小轿车一辆，请批准调拨经费×××××元。

另：我县尚缺专业对口技术人员××名，请在确定明年人员编制时一并考虑。上述意见与要求如无不妥，请批复。

此致

敬礼！

××县人民政府

××县财政局

20××年6月

六、阅读分析

（一）根据下列内容提示，拟写公文标题，填写在下列横线上。

（1）“龙江三号”试验卫星发射成功，中央军委决定对全体工作人员给予表彰。

____

（2）××市××区公安民警王××，恪尽职守，智擒盗贼，保护了所属辖区内人民群众的人身和财产安全，区公安局发文表彰他的事迹。

____

（3）××市××区广州道与河北路交口处因修路，需要过往行人、车辆绕行，区公安局发文告知广大行人。

____

（4）××市财政局对区财政局申请拨款购车的来文回复，同意对方的请求。

____

（二）阅读下列通知，并回答问题。

××市××区人民政府
关于批转区市场监管局《××区企业住所
登记管理细则》的通知

×府规〔20××〕×号

区政府各委、办、局，各街道办事处、××镇政府，各有关企业：

区市场监管局《××区企业住所登记管理细则》已经区政府第×××次常务会议通过，现批转给你们，请遵照执行。

附件：××区企业住所登记管理细则

××市××区人民政府（公章）
20××年××月××日

（附件正文略）

（1）这篇通知的类型是______________________________。

（2）请简要分析这篇通知的结构。

____

____

____

____

（3）请简要分析这篇通知的特点。

（三）阅读下列通报，并回答问题。

关于计算机系第 2 实验室部分设施损毁事故处理情况的通报

学院各系部、各职能处室：

20××年×月×日，因校计算机系第 2 实验室水龙头未关，水槽堵塞漏水，实验室部分设施损毁，造成较大经济损失。为严肃纪律，强化管理，增强实验室工作人员的责任心，学院经××会议研究决定，对此次事故做出如下处理。

一、给予事故直接责任人李××同志警告处分，扣发其本年第 4 季度奖金，并赔偿学校损失 2 万元。

二、第 2 实验室主任王××同志对此次事故负有管理及领导责任，给予其批评处分，扣发其当月奖金。

三、计算机系分管领导张××对此次事故负有领导责任，扣发其当月奖金。

四、院资产管理处应会同各系、处、部相关科室，拟定相关整改措施，加强对实验室工作及实验室设备的管理，消除发生事故的隐患。

此次事故给学院带来了巨大损失，全校教职工均应引以为戒，增强责任心，严格遵守各项规章制度，认真履行岗位职责，搞好本职工作，防止此类事件再次发生。

××学院（公章）

20××年×月×日

（1）这篇通报的类型是____________________。

（2）这篇通报描述了哪些内容？

（3）请简要分析这篇通报的语言特点。

（四）阅读下列决定，并回答问题。

中国人民银行关于关闭××××信托投资公司的决定

银发〔20××〕×××号

××××信托投资公司：

鉴于你公司不能支付到期债务，为了保护债权人的合法权益，根据《中华人民共和国中国人民银行法》《中华人民共和国公司法》和中国人民银行《金融机构管理规定》，经国务院批准，中国人民银行决定：于20××年6月6日关闭你公司，收缴你总公司及分支机构的“金融机构法人许可证”“金融机构营业许可证”和“经营外汇业务许可证”，停止你公司的一切业务经营活动。中国人民银行依法组织成立清算组，××省省长助理×××同志任清算组组长，对你公司进行关闭清算。

在清算期间，你公司的债权债务由中国银行托管；公司下属的证券交易营业部委托××证券公司管理，其业务经营活动照常进行。你公司全资附属和控股的非金融企业照常经营。

中国人民银行

20××年6月6日

（1）本决定的标题由哪几个部分组成？

____

____

（2）本决定的主体部分说明了做出决定的原因是__________，目的是__________，依据是__________、__________和__________。

（3）本决定的具体内容是什么？它们之间的逻辑关系如何？

____

____

____

____

（五）阅读下列函，并回答问题。

××省文化和旅游厅关于商请派员为培训班授课的函

×函〔20××〕××号

省安全厅：

为进一步落实意识形态工作责任制，规范旅游市场秩序，文化和旅游部定于20××年11月6日至11月8日，在我省举办“争做诚信旅游企业 自觉维护旅游市场秩序”培训班，主要内容是当前国家安全形势、中国公民境外旅游注意事项等，对广东、福建、江西、贵州、云南、重庆等省（市）在线旅游企业和重点旅行社的相关人员进行培训，地点在××市

××国际会展中心××酒店（××市××区××南路××号××栋）。为配合文化和旅游部办好此次培训班，提高培训成效，特邀请贵单位选派一名专家围绕培训内容，结合自身专业做专题授课辅导，人员名单烦请于10月30日前反馈我厅。

专此致函，请予支持。

附件：授课专家报名回执

××省文化和旅游厅（公章）

20××年10月23日

（附件正文略）

（1）这篇函的标题由几个部分组成？

____

____

（2）这篇函的类型是______________________________。

（3）请简要分析这篇函的语言特点。

____

____

____

____

七、写作训练

（一）根据下列素材写一份公文，自选文种并自行拟定公文标题，字数不限。（可根据需要适当补充相关信息。）

某市政公司即将为该市修建WF大街路面，为期半年。请以该市政公司的名义向附近的居民发一份公文，向其表明修路工程会对交通造成影响，可能会给其生活带来不便。

____

____

____

____

____

____

____

____

（二）根据下列素材写一份公文，自选文种并自行拟定公文标题，字数不限。（可根据需要适当补充相关信息。）

20××年×月××日夜，天降大雪，山西省农资公司仓库保管员李××在值夜班时酒后吸烟，引发大火。灭火后清点库存，发现损失货物的价值高达1万余元。请以山西省农资公司的名义写一份公文，对李××犯下的错误进行严肃批评，并希望全体员工从本次事故中吸取教训，以改进工作。

（三）根据下列素材写一份公文，自选文种并自行拟定公文标题，字数不限。（可根据需要适当补充相关信息。）

××市特产公司2022年11月7日向××市供销合作社行文，字号为“×特〔2022〕20号”。其主要内容：本公司南门仓库茶叶库房在今夏一场洪灾中受损，已无法使用。为做好今后收购茶叶的储存工作，需要立即修建简易仓库300平方米，所需修建费拟从公司自筹资金中划拨。一周后，××市供销合作社即予回文，字号为×合〔2022〕61号。其主要内容：同意修建简易仓库300平方米，所需资金自筹解决，希望指定专人负责，抓紧推进。

（四）根据下列素材写一份函，字数不限。（可根据需要适当补充相关信息。）

××大学准备举办第十四届学生运动会，由于校内体育场地正在施工，拟向学校附近的工人体育馆借用场地。请以××大学的名义写一份函。

八、反思与总结

模块四

礼仪文书写作

一、填空题

1. 邀请函是党政机关、企事业单位、社会团体举行各种__________、__________、__________、__________和__________时邀请有关人员参加的一种专用文书。

2. 邀请函可分为__________、__________和__________3 种类型。

3. 请柬是人们在社交活动中用于__________、__________的一种便捷的联络工具，如通知某人在什么时间、地点，参加什么活动或集会。

4. 邀请函也可以称为__________，请柬也可以称为__________。

5. 名片的文案分为__________和__________两个部分。

6. 欢迎词和欢送词的主要作用是__________，__________，__________。

7. 迎送词的表达方式宜以__________为主。

8. 开幕词具有__________、__________和__________的特点，闭幕词具有__________、__________和__________的特点。

9. 一般情况下，开幕词和闭幕词由__________、__________、__________、__________和__________5 个部分组成。

10. 一般情况下，主持词的正文由__________、__________和__________3 个部分组成。

11. 主持词的最大特点是__________。

12. __________是在特定仪式上，对他人的热情接待、款待、欢迎、关照、鼓励、祝贺、馈赠等友善行为表示诚挚谢意时所使用的一种礼仪文书。

13. 按不同的致谢缘由和致谢内容划分，答谢词可分为________________和________________两种类型。

14. 答谢词的标题通常由____________________组成，有时可视具体情况省略________________。

15．感谢信具有________________、________________和________________的特点。

16．感谢信的标题有 3 种结构，分别为直接以__________________为标题、以__________________为标题、以__________________为标题。

17．向取得重大成绩，做出突出贡献的单位、集体或个人表示祝贺，或者对重要的庆典、会议、寿辰等表示祝贺时，可使用___________（文种）。

18．一般情况下，贺信由____________、____________、____________和____________4 个部分组成。其标题通常为_______________。

19．聘书是___________________或_______________时使用的一种特殊文书。

20．聘书除了能起到表达聘请单位对被聘人员的___________，加强被聘者责任感的作用外，还能起到___________的作用。

二、选择题

（一）单项选择题

1．邀请函标题的结构通常为（　　）。

A．邀请事项＋文种名称　　B．邀请人＋文种名称

C．邀请事项＋邀请人＋文种名称　　D．文种名称

2．下列选项中，可以作为请柬结束语的是（　　）。

A．特此聘请　　B．此致敬礼

C．敬请光临　　D．特此批准

3．若邀请的事项较为复杂或需要向被邀请者说明有关情况，则应使用的文种是（　　）。

A．请柬　　B．名片

C．邀请函　　D．感谢信

4．在名片中，所占构图比例最大的是（　　）。

A．标志　　B．文字

C．图案　　D．轮廓

5．迎送词的表达语言应具有（　　）的特点。

A．总结性　　B．抒情性

C．概括性　　D．严肃性

6．阐明会议的宗旨、任务、目的和意义体现了开幕词的（　　）。

A．宣告性　　B．鼓动性

C．导引性　　D．号召性

7．闭幕词对会议进展情况、完成的议题、取得的成果、会议精神、会议意义等进行高度概括。这体现了闭幕词的（　　）。

A．总结性　　B．概括性

C．鼓动性　　D．号召性

8．在晚会、联欢会或其他大型会议中，将前后节目联系在一起或把会议各项议程串联在一起，使整台节目或会议恰到好处地形成一体的文种是（　　）。

A．欢迎词　　B．答谢词

C．主持词　　D．欢送词

9．（　　）也可以称为串词，是活动的灵魂所在。

A．欢迎词　　B．答谢词

C．主持词　　D．欢送词

10．常用于捐赠仪式、庆祝仪式、颁奖仪式和毕业仪式等的答谢词是（　　）。

A．款待型答谢词　　B．谢师型答谢词

C．谢遇型答谢词　　D．谢恩型答谢词

11．党政机关、社会团体、企事业单位或个人获得某种关心、支持、帮助、慰问、馈赠后，想向对方表示感谢，应使用的文种是（　　）。

A．开幕词　　B．主持词

C．答谢词　　D．感谢信

12．下列选项中，在（　　）情形下，适合写一封感谢信。

A．王×生病，团支书代表全体团员去看望

B．×教授去世，有关部门的代表前去悼念，并安慰家属

C．刘×上班途中被摩托车撞伤，肇事者将其送去医院

D．××希望小学获得××大学学生会赠送的图书

13．（　　）适用于开业典礼、周年纪念和奠基典礼等。

A．人物类贺信　　B．会议类贺信

C．事业类贺信　　D．所有贺信

14．聘书的标题应写在（　　）。

A．第1行居左　　B．第1行正中间

C．第1行居右　　D．以上3种皆可

15．（　　）通常是以单位的名义发出的，具有邀请、聘请和凭证的作用；（　　）内容单一，其发出者既可以是单位或团体，也可以是个人。

A．请柬；聘书　　B．聘书；请柬

C．邀请函；请柬　　D．邀请函；聘书

（二）多项选择题

1．下列选项中，可以作为邀请函称谓语的有（　　）。

A．尊敬的×××先生　　B．尊敬的×××局长

C．尊敬的×××女士　　D．尊敬的各位来宾

2．撰写请柬时的注意事项包括（　　）。

A．将相关事项交代清楚　　B．措辞宜讲究

C．制作宜精美　　D．在合适的场合使用

3．下列选项中，可印在名片上的信息包括（　　）。

A．个人姓名　　B．职务

C．单位名称　　D．电话号码

4．迎送词的主体部分应是宾主双方熟知的内容，以达到（　　）的目的。

A．缩短双方心理距离　　B．融洽关系

C．推动共同事务发展　　D．增进友谊

5．闭幕词的内容可以包括（　　）。

A．宣布闭幕　　B．对来宾表示欢送和祝愿

C．对有关方面的支持表示感谢　　D．阐述本次会议的目的、任务和意义

6．要想写好主持词的开场白，就要把握好（　　）环节。

A．吸引听众或观众的注意　　B．创设情景

C．致谢　　D．导入主题

7．撰写答谢词的注意事项包括（　　）。

A．篇幅要长　　B．内容与结构要合乎规范

C．感情要真挚而热烈　　D．评价要适度，要恰如其分

8．撰写感谢信时的注意事项包括（　　）。

A．内容要真实　　B．叙事要符合实际

C．用语要精炼、简洁　　D．评价要恰如其分

9．一般情况下，贺信的正文部分应（　　）。

A．直陈贺词　　B．颂扬成绩

C．表达祝愿　　D．不写结语

10．一般情况下，聘书由（　　）组成。

A．标题　　B．称谓

C．正文　　D．落款

11．一般情况下，聘书正文部分的内容包括（　　）。

A．聘任的待遇　　B．聘任的具体职务、职责

C．聘期　　D．聘请原因

三、判断题

判断下列题目的正误，正确的在括号内画“√”，错误的在括号内画“×”。

1．邀请函的用语要得体，委婉，礼貌，语气要诚恳。（　　）

2．邀请函可以在活动或会议结束后发出。（　　）

3．撰写请柬时，应用醒目的字体在封面上或内页第 1 行居中写（印）上“请柬”或“请帖”两个字。（　　）

4．撰写请柬时，要避免使用“务必”“必须”等强制性词语，而应突出邀请之意。（　　）

5．邀请他人参加学术研讨会、纪念会、订货会时通常使用的文种是请柬。（　　）

6．名片的主题文案与辅助说明文案的字体可以一致。（　　）

7．如果名片内容是中外文对照的形式，则其设计应突显中文的主体地位。（　　）

8．“请允许我代表”可以作为迎送词的开头。（　　）

9．“××校长致 2019 级新生的欢迎词”作为欢迎词的标题是错误的。（　　）

10．撰写开幕词时，可以将其写成大会报告的缩写稿。（　　）

11．开幕词和闭幕词的用语要庄重，严肃，生动，有感情色彩。（　　）

12．“××学院新生开学典礼主持词”作为主持词的标题是正确的。（　　）

13．撰写主持词的标题时，可以使用含蓄、委婉的语言。（　　）

14．撰写谢恩型答谢词时，对被感谢人的评价要恰如其分，不可故意拔高、无限升华。（　　）

15．答谢词的称谓可以是泛指对象，也可以是具体对象。（　　）

16．“致××师范大学培训部的感谢信”作为感谢信的标题是错误的。（　　）

17．撰写感谢信时，应把表示感激的话语说透，俗话说“礼多人不怪”。（　　）

18．贺词、贺信和贺电都适用于庆贺重大胜利、喜庆节日、寿辰、重要会议等。（　　）

19．一般情况下，聘书是以个人名义发出的。（　　）

20．“此聘”“特此聘请”都可以作为聘书的结尾。（　　）

四、简答题

1．请简述邀请函的结构与写法。

2．撰写邀请函时应注意哪些事项？

3．请简述请柬的结构与写法。

4．邀请函和请柬有哪些区别？

5．请简述名片的结构与写法。

6．欢迎词和欢送词有哪些相同点和不同点？

7．请简述开幕词、闭幕词的结构与写法。

8. 撰写主持词时应注意哪些事项？

9. 请简述答谢词的结构与写法。

10. 请简述感谢信的结构与写法。

11. 撰写感谢信时应注意哪些事项？

12. 贺信、贺电和贺词有哪些区别？

13. 撰写贺信时应注意哪些事项？

14．请简述聘书的结构与写法。

15．聘书和请柬有哪些区别？

五、病例修改

（一）指出下列邀请函的错误之处，并写在下面的方框内。

邀请函

××学校××班全体同学：

为慰问因病住院的××班李××老师，兹定于20××年×月×日下午×时×分，在学校××楼前集合，集体前往××医院探望。请务必准时到场集合，不见不散。

××学校学生会（公章）

20××年××月××日

（二）指出下列请柬的错误之处，并写在下面的方框内。

建校庆祝大会请柬

兹定于 20××年×月×日上午×时于镇政府大礼堂举行××镇中心初级中学建校×周年庆祝大会。请务必准时参加。

恭请

光临！

××镇中心初级中学（公章）

（附座位号××××××）

（三）指出下列应用文的错误之处，并写在下面的方框内。

篮球赛开幕词

各位领导、各位来宾，各位运动员、教练员、裁判员，同志们、朋友们：

××市迎国庆“××杯”篮球赛，历时 20 天，共进行了 55 场比赛。在此，我代表××市篮球协会对本次“××杯”篮球赛的成功举办表示热烈的祝贺！向为我们献上精彩比赛的全体运动员、裁判员，以及为比赛成功举办做出积极贡献的全体工作人员表示崇高的敬意，向支持这次比赛的××银行代表队、水利水电代表队、塑胶模具代表队、××广告代表队、××石材代表队、国土资源局代表队等表示衷心的感谢！

本次比赛拉开了我市隆重庆祝国庆××周年活动的序幕，是我市篮球史上第 1 次实行现场实况转播的大型赛事。各代表队运动员充分发扬团结拼搏、勇于进取的精神，赛出了风格，赛出了水平。全体工作人员，一丝不苟，认真负责，坚守岗位，连续作战，保证了比赛的顺利进行。

同志们，虽然比赛结束了，但团结拼搏、勇于进取的精神不能丢弃，希望你们继续发扬这种精神，并继续锻炼提高，增强体质，从而促进全面健身运动的深入开展。

最后，让我们再次以热烈的掌声向参加本次篮球赛并取得较好名次的队伍表示祝贺！向为本次活动付出辛勤劳动的人们表示衷心的感谢！谢谢大家！

（四）指出下列感谢信的错误之处，并写在下面的方框内。

感谢信

长沙市××出租汽车有限公司：

在 5 月 3 日下午，我公司经理张××乘坐贵公司湘 AT××××号出租车时不慎将皮包丢失。皮包内有人民币 8 万余元、身份证一个、护照一本、空白支票 3 张和各种票据若干张。在我们焦急万分之时，该出租车司机李××主动将捡到的皮包送至我公司，使我公司避免了一次重大损失。当时，我们向李××表示感谢，并决定拿出 1 万元作为酬谢，但李××拒绝了我们的酬金，并说这是他应当做的。

××公司

二〇二一年五月六日

六、阅读分析

（一）阅读下列应用文，并回答问题。

____

尊敬的×××先生/女士：

您好！

兹定于20××年×月×日（星期×）×时×分，在××大酒店举行公司周年庆文艺晚会。诚邀您拨冗莅临！谢谢！

此致

敬礼！

地址：×××××××××××××

联系人：易××

联系电话：×××××××××××

邀请人：×××公司（公章）

20××年×月×日

（1）请为这篇应用文起一个合适的标题。

____

（2）请简要分析这篇应用文的结构和内容。

____

____

____

____

（3）请分析这篇应用文是否符合该文种的写作要求？并说明理由。

____

____

____

____

（二）阅读下列感谢信，并回答问题。

感谢信

尊敬的王明老师：

您好，我是××专业3班学生赵×的家长。值此教师节来临之际，谨向您表示衷心的感谢，并致以最诚挚的祝愿，祝您教师节快乐！

赵×原来对学习不感兴趣，也不认真完成作业，您经常跟我沟通，让我多多培养孩子的学习兴趣。当孩子跟不上学习进度时，您耐心地帮他补课，以免他掉队……在您的关心和教育下，赵×的学习兴趣大幅提升，每天认真完成作业，学习劲头更足了，学习成绩也不断提高。我真切地感受到了他的进步，内心十分感激您的付出。

最后，请允许我对您表示衷心的感谢与崇高的敬意！

××市××公司赵××

2022 年 9 月 10 日

（1）请简要分析这篇感谢信的结构。

（2）请简要分析这篇感谢信的特点。

（三）阅读下列应用文，并回答问题。

尊敬的各位领导、各位来宾，亲爱的老师、同学们：

大家晚上好！

欢迎来到××航空航天大学理学院 20××级迎新晚会的现场！我是主持人×××。

首先请允许我为大家介绍出席晚会的领导和来宾，他们是……欢迎你们的到来，同时再次欢迎所有的观众朋友们！

又是一年秋风送爽，又是一年丹桂飘香。

又是一年金秋梦圆，又是一年九月飞歌。

20××，金秋九月，我们××航空航天大学理学院的大学新生们，从祖国的天南海北、四面八方来到这里。

在这如诗如画的校园里，我们是那清晨的一缕缕阳光；在理学院这充满希望的沃土上，我们是那挺拔的一株株白杨。

清晨的阳光照耀在挺拔的白杨上，莘莘学子就要出发！

出发了！前进的道路上，有知识的洗礼，也有苦读的煎熬。不论怎样，我们必须勇往直前，因为这是我们人生道路上必须书写的华彩篇章！

出发了！我们要用壮美的歌声、优美的舞姿，为这个华彩篇章起笔。

出发了！一路上有睿智的老师和亲切的学长、学姐们相伴相随。

青春飞扬，九月欢歌。

今晚，我们载歌载舞欢度这美好时刻。明天，我们信心百倍去追逐火红的太阳！

下面我宣布，××航空航天大学20××年“青春飞扬”迎新晚会现在开始！

……

结束语

今夜，我们意气风发，欢聚青春课堂！

明朝，我们促膝并肩，徜徉知识殿堂！

今夜，理想的乐章在我们心中激荡！

明朝，青春的梦想在这里扬帆起航！

风华正茂，灿烂星光。

放飞理想，青春飞扬。

（1）这篇应用文的类型是＿＿＿＿＿＿＿＿＿＿＿＿＿＿。

（2）请简要分析这篇应用文的特点。

（四）阅读下列贺信，并回答问题。

贺信

××大学：

欣悉贵校即将迎来建校××周年华诞，我们××大学谨向贵校全体师生表示热烈的祝贺和诚挚的问候！向贵校领导、老师和同学们致以崇高的敬意！

经过多年的积淀，贵校积淀了丰富的办学经验，形成了鲜明的办学特色，取得了傲人的成绩，实现了跨越式发展，为国家培养了大批技术人才。

贵校与我校在多年的交往中，真挚合作，密切交流，彼此信任、相互支持，形成了兄弟般的情谊。我们相信两校会进一步增进联系，携手开展更广泛的交流与合作，共同为祖国教育事业的发展做出更大的贡献。

祝两校友谊地久天长！

祝贵校庆典活动圆满成功！

×××大学（公章）

20××年×月×日

（1）请简要分析这篇贺信的结构。

（2）请简要分析这篇贺信的特点。

七、写作训练

（一）根据下列素材写一份邀请函，字数不限。（可根据需要适当补充相关信息。）

小秦在××商贸有限公司的公关部工作。一天，部门主管找到小秦，告诉她公司近期计划举办一场产品展销会，公司需要给相关单位发邀请函，并要求小秦写该邀请函。如果你是小秦，你打算如何写邀请函？

（二）××大学即将召开校友座谈会。假设你是××大学的学生，请你写一封请柬，邀请相关人员参加校友座谈会，字数不限。（可根据需要适当补充相关信息。）

（三）金秋九月，××大学即将举办运动会。假设你是××大学的学生，请你为此次运动会写开幕词和闭幕词，字数不限。（可根据需要适当补充相关信息。）

（四）请给你最想感谢的人、集体或组织写一封感谢信，感谢他（们）对你的帮助。要求内容真实，态度真诚，语言精练，字数不限。（可根据需要适当补充相关信息。）

（五）根据下列素材写一封聘书，字数不限。（可根据需要适当补充相关信息。）

××责任有限公司为提高档案管理水平，决定成立档案管理部，特聘请王××为档案管理部的负责人。请以××责任有限公司的名义，给王××写一封聘书。

八、反思与总结

模块五

新闻传播文书写作

一、填空题

1．消息是指对__________、__________、__________的简要报道。

2．消息具有__________、__________和__________的特点。

3．按照特点和写法划分，消息可分为__________、__________、__________、__________和__________5 种类型。

4．__________是消息的灵魂与生命。

5．综合运用叙述、描写、议论、抒情等多种表现手法来详细报道新闻事件或典型人物的报道形式是__________。

6．按报道的对象、内容和写作方法划分，通讯可分为__________、__________、__________和__________4 种类型。

7．事件通讯以__________为中心，重点描绘社会生活中带有倾向性和典型性的生动事件，或具有普遍教育意义和警示作用的新闻事件。

8．__________是以反映社会生活、风土人情、自然风光和现实中的建设成就为主的报道。

9．一般情况下，解说词以__________为主。

10．解说词具有__________、__________、__________和__________的特点。

11．解说词对__________和__________有补充作用。

12．导游词是__________引导游客观光游览时的__________，也是应用文写作的文种之一。

13．一般情况下，导游词由__________、__________和__________3 个部分组成。

14．广告文案是指广告作品中用于__________和__________的语言文字。

15．广告文案具有________、________、________和________的特点。

16．通常情况下，完整的广告文案由________、________、________和________4个部分组成。

二、选择题

（一）单项选择题

1．消息报道要尽量做到“当日事当日报”。这体现了消息的（　　）。

A．真实性　　B．时效性
C．简明性　　D．形象性

2．反映地区、单位或个人的典型经验和成功做法，以便为人们改进工作、提高效率提供借鉴的新闻报道是（　　）。

A．动态消息　　B．综合消息
C．经验消息　　D．述评消息

3．将消息的段落和层次按事实的重要性依次递减排列，把最重要、最精彩、最有吸引力的事实写在最前头，同时以最不重要的事实结尾。这种消息的结构形式是（　　）。

A．倒金字塔结构　　B．时间循序式结构
C．悬念式结构　　D．并列式结构

4．在通讯中，以时间推移为顺序，或按作者观察、认识事物的逻辑顺序来组织材料、安排层次的结构形式是（　　）。

A．纵横式结构　　B．悬念式结构
C．横式结构　　D．纵式结构

5．如果需要同时报道几个人物、写几件事，那么适合使用的通讯结构是（　　）。

A．纵横式结构　　B．悬念式结构
C．横式结构　　D．纵式结构

6．对人物、画面、展品或旅游景观进行讲解、说明、介绍的应用文是（　　）。

A．消息　　B．通讯
C．解说词　　D．导游词

7．解说词要针对事物、人物或活动进行实际解说，不能凭空捏造，弄虚作假。这体现了解说词的（　　）。

A．真实性　　B．通俗性
C．形象性　　D．顺序性

8．解说词的（　　）部分应介绍事物的概况，让读者和听众对事物的全貌有个大致的了解，并且留有联想的余地。

A．标题　　B．开端

C．主体　　D．结尾

9．导游词的主要特点是（　　），兼具知识性、文学性、礼节性等。

A．和蔼　　B．亲切

C．庄重　　D．口语化

10．导游词的（　　）应写在最前面，包括问候语、欢迎语、介绍语、游览注意事项和对游客的希望 5 个方面。

A．告别语　　B．开头语

C．概括介绍　　D．重点讲解

11．下列选项中，不属于撰写导游词的注意事项的是（　　）。

A．主题和观点要鲜明

B．结构层次清楚，逻辑性强，条理清晰

C．要有自我介绍和导游惯用语

D．多使用书面语言，避免口语化

12．撰写（　　）时，要利用推销原理写出雅俗共赏、生动有趣的文字。

A．通讯　　B．解说词

C．导游词　　D．广告文案

13．（　　）是衡量广告文案写作成功的标准。

A．真实性　　B．独创性

C．效益性　　D．艺术性

14．下列选项中，使用了顶针修辞手法的是（　　）。

A．××牙刷，一毛不拔

B．白天服白片，不瞌睡；晚上服黑片，睡得香

C．你的健康是天大的事——天大××药业

D．车到山前必有路，有路必有丰田车

15．下列选项中，说法错误的是（　　）。

A．撰写消息时，要使用尽量少的文字传递尽可能多的信息

B．通讯通常被称为“展开了的消息”

C．介绍人物的经历、身份、所做出的贡献（成绩）、社会对他（她）的评价等内容的应用文是导游词

D．广告通常会综合运用文学、戏剧、音乐、美术、电影等多种艺术元素，生动形象地展示内容，使人们在了解信息的同时获得艺术的享受

（二）多项选择题

1. 消息标题的常见形式包括（　　）。

A. 单行标题　　B. 双行标题

C. 3 行标题　　D. 4 行标题

2. 下列选项中，体现了消息倒金字塔结构的好处的是（　　）。

A. 便于读者阅读　　B. 便于编辑删改

C. 便于消息传播　　D. 以上都正确

3. 通讯的特点包括（　　）。

A. 新闻性　　B. 形象性

C. 时效性　　D. 完整性

4. 通讯比消息（　　）。

A. 内容更详尽　　B. 更生动形象

C. 篇幅长　　D. 形式更规范

5. 解说词的主体部分包括（　　）。

A. 对事物的性质、特征的介绍

B. 对事物的形状、成因的介绍

C. 对事物的历史概况、发展现状的介绍

D. 对事物的关系、功用的介绍

6. 撰写解说词时，应注意的事项包括（　　）。

A. 全面了解被解说的对象　　B. 使用通俗易懂的语言

C. 倾注真挚的感情　　D. 灵活运用各种表达方式

7. 导游词的作用包括（　　）。

A. 引导游客鉴赏　　B. 传播时尚与文明

C. 传播文化知识　　D. 陶冶游客情操

8. 在导游词中，可以概括介绍的部分包括（　　）。

A. 旅游景点的位置　　B. 旅游景点的历史

C. 旅游景点的发展前景　　D. 旅游景点的现状

9. 广告文案的作用包括（　　）。

A. 传递信息　　B. 引导消费

C. 活跃市场经济　　D. 提升企业形象

10. 广告文案标题形式可分为（　　）。

A. 直接性标题　　B. 间接性标题

C. 复合式标题　　D. 转折性标题

11. 广告文案正文部分的写法包括（　　）。

A. 直陈法　　　　B. 对话法

C. 幽默法　　　　D. 告示法

三、判断题

判断下列题目的正误，正确的在括号内画“√”，错误的在括号内画“×”。

1. 没有事实就没有新闻，所以说新闻就是事实。（　　）

2. 撰写消息时，要从事实中提炼出最重要、最精彩的部分。（　　）

3. 标题“钞票‘铺’不了路，匕首吓不倒人（引题）百余群众追捕抢劫犯（主题）”是3行标题。（　　）

4. 撰写消息时，要确保消息的5要素或6要素齐全。（　　）

5. 消息头是消息的标志，它的主要形式有“讯”和“电”两大类。（　　）

6. 工作通讯要揭露矛盾，既要报喜，又要报忧。（　　）

7. 使用人物通讯歌颂先进人物时，要避免刻画“高、大、上”的空洞人物形象。（　　）

8. 在新闻传媒中，常见的“记者来信”“工作研究”“情况调查”“采访札记”等，均属于风貌通讯。（　　）

9. 通讯的主题应正确，深刻，新颖，反映时代精神。（　　）

10. 在通讯的开头提出问题，摆出矛盾，设置疑团，布下悬念，以引起读者的关注，然后依据客观事物的实际发展，消除疑团和悬念。这种通讯结构是对比式结构。（　　）

11. 解说词可以不撰写结尾。（　　）

12. 解说词的受众是普通大众，因此其语言要通俗易懂。（　　）

13. “解说词《舌尖上的中国》第1季——《自然的馈赠》”作为解说词的标题是错误的。（　　）

14. 解说词的宗旨是通过导游人员对旅游景观绘声绘色的讲解和评说，帮助游客鉴赏景观，以达到游览的最佳效果。（　　）

15. 撰写解说词时，要真实、客观地反映被解说对象，不能脱离被解说对象的真实情况而滥用文学手法进行虚假解说。（　　）

16. 在导游词中，导游不需要重点提醒游客保管好自己随身携带的物品。（　　）

17. 撰写导游词时，要处理好“景”与“事”的关系，讲故事或者事理时要使所述内容与景点相关联。（　　）

18. 广告文案对产品或服务进行说明时可隐瞒部分真实信息。（　　）

19. 广告文案的主题是拟写广告的首要问题。（　　）

20. 撰写广告文案的标题时，使用直接性标题可以直截了当地告知人们广告的主要内容。（　　）

21. 广告语的语言应极其精练，且朗朗上口。（　　）

四、简答题

1. 请简述消息的5要素和6要素。

2. 请简述消息的结构与写法。

3. 请简述通讯写作的基本过程。

4. 请简述通讯的结构形式。

5. 消息和通讯有哪些相同点和不同点？

6. 请简述解说词的结构与写法。

7. 撰写解说词时应注意哪些事项？

8. 请简述导游词的结构与写法。

9. 撰写导游词时应注意哪些事项？

10. 请简述广告文案的结构与写法。

11. 请简述广告文案的表述方法。

五、病例修改

（一）指出下列消息的错误之处，并写在下面的方框内。

本报北京 3 月 25 日电　（记者王浩）2022 年 3 月 25 日 14 时，位于山东省德州市武城县的六五河节制闸缓缓开启，南水北调东线北延应急供水工程正式启动向河北、天津的年度调水工作。此次调水，标志着北延应急供水工程进入常态化供水新阶段。调水计划将持续至 5 月 31 日，并会根据工情、水雨情等实际情况，相机延长调水时间，增加调水量。

（二）指出下列解说词的错误之处，并写在下面的方框内。

各位游客，我们现在来到了楚文化馆，馆内的这面墙所展示的是楚国特色的漆器文化。大家看到中间的那个符号了吗？大家可以猜一下它是什么字。它是一个“水”字，周围的 4 个字是“太一生水”。这几个字来自荆州出土的两千多年前的郭店楚简，其讲述的是宇宙生成的先秦道家理论。

首先，我们参观的是越王勾践剑。越王勾践剑是在荆州出土的春秋晚期越国的青铜器。大家可能会问，越国国王的佩剑为什么会在楚国呢？历史学家们提出了两种观点：一种观点是这把剑作为楚、越两国联姻的嫁妆被带到了楚国；另一种观点是楚国发兵攻打越国时，这把剑被当作战利品带到了楚国。这把剑被镀上了一层含铬的金属，所以千年不锈，向世人充分地展示了春秋时期越国高超的铸剑技术。

……

各位游客，今天下午的参观就到此结束了，感谢大家在参观过程中给予我的支持和配合，也欢迎大家对我的导游服务提出宝贵的意见和建议，希望以后有缘和大家再次相逢。最后，我祝大家一路平安，谢谢！

（三）指出下列导游词的错误之处，并写在下面的方框内。

各位游客们，我们现在已经进入了张家界森林公园的大门，请大家紧跟着我，一起登黄石寨。你们看到那路碑了吗？“不上黄石寨，枉到张家界！”游客们，请俯身向下望，张家界的景色大半可收入眼底，葱郁的树丛，掩映着神秘的山山水水。我们现在走的是10多年前人工开凿的杉林幽径，许多名人到这里游览过。

接下来是最让人难以忘怀的金鞭岩。张家界的山峰众多，金鞭岩与其他山峰迥然不同。从山脚到山顶，金鞭岩像斧砍刀劈似的，峰顶上还生长着几株苍翠欲滴的松柏，直指云霄。

看了山和石，我们来游赏一下张家界的另外一个著名景区——琵琶溪。你们瞧，这儿树林茂盛，溪水碧绿，水流常年不息，发出叮咚之声，如弹出的琵琶声，溪水因此而得名。

（四）指出下列广告文案的错误之处，并写在下面的方框内。

蛋糕广告文案

我们秉承无添加、原生态的健康烘焙理念，坚持使用最天然、最原始、最简单的原材料，采用传统结合现代的烘焙工艺，制作高品质的健康烘焙食品。

我们用心烘焙、用心制作每一份蛋糕。

××蛋糕，带您品味甜蜜生活，感受幸福味道，真诚期待您的品尝。

六、阅读分析

（一）阅读下列消息，并回答问题。

一箭 22 颗卫星！中国创造一箭多星新纪录

新华社海南文昌 2 月 27 日电 （记者李国利、黄国畅）2022 年 2 月 27 日 11 时 06 分，我国在文昌航天发射场使用长征八号运载火箭成功将 22 颗卫星发射升空，创造了我国一箭多星新纪录。

据介绍，卫星顺利进入预定轨道，发射任务获得圆满成功。

本次发射的 22 颗卫星包括“泰景三号 01 卫星”“泰景四号 01 卫星”“海南一号 01/02 星”“文昌一号 01/02 星”等，主要用于提供商业遥感信息、海洋环境监测、森林防火减灾等服务。

这次任务是长征系列运载火箭第 409 次飞行。

（资料来源：人民网，有改动）

（1）请指出这则消息的 5 要素。

（2）请简要分析这则消息的结构和特点。

（二）阅读下列应用文，并回答问题。

河北秦皇岛：义务救生点筑起海岸“生命防线”

“大家一定要做好热身活动后再下海游泳，注意不要被海蜇蜇伤……家长一定要把自己的孩子看好！”2023 年 7 月 9 日下午 4 时，河北省秦皇岛海港区河东街道 E 社区河东海边义务救生点的负责人王××手持喇叭，顶着烈日在河东海滩上来回巡逻，提醒着游客注意海蜇出没，劝导家长看护好自家的小孩。

时值夏季，天气炎热，位于河北农业大学海洋学院南侧的河东海滩吸引了众多居民和游客前来消夏。

“弯月形的海滩虽然漂亮，但海里的暗沟、漩涡暗藏着危险。游客们大多不懂水文潮汐规律，而且喜欢爬上礁石玩耍拍照。海边的礁石上有很多锋利的海蛎壳，游客一旦跌倒就会被划伤皮肤，涨潮时还容易被困在礁石上。”为此，王××和救生点的志愿救生员在暑期里增加了巡查频次，提醒游客安全游泳。“不理解、不听劝的游客不在少数，游客在海中遇险的情况在夏季出现的概率比较大，我们会第一时间下水开展义务救援。”王××说。

据王××介绍，河东海边义务救生点成立于 2013 年。“当时，有一个 14、5 岁的男孩被大浪拍打后呛了海水，我们几个人费了好大劲儿才把他拉上来，经过抢救后，男孩才缓过来。这件事对我的触动很大，没过多久我便和社区提议，想和老友们在海边建一个救生点，为守护生命尽一点力。”在这之后，王××便自费购置救生器材，平整土地，搭建救生点，和老友们开始义务上岗。谁也没有想到，这岗一上就是 10 年。河东海边义务救生点建成后的 10 年间，王××和他的老友们先后成功挽救了 15 名溺水者的生命。

为进一步壮大、规范志愿服务队伍，在 2019 年，E 社区新时代文明实践站在河东海边义务救生点的附近建立了一处“学雷锋志愿服务站”。E 社区党委书记、居委会主任曹××表示，近年来，社区在服务站内配备了专业救生设备，在深水区增设了警示浮漂球，在海滩边设置了安全提示牌，用心守护广大游客的安全。“我们还在服务站定期开展专业救援常识技能培训，以提升志愿救生员的应急救援水平，为游客筑起一道牢靠的‘生命防线’。”曹××说。

如今，河东海边志愿救生员队伍从最初的几个人发展到固定救生员 15 名、兼职救生员 30 余人，是一个市级优秀志愿服务团队。下一步，E 社区新时代文明实践站还将与红十字会、蓝天救援队、生态环保等相关单位联系，加强救生点水上救生体系建设和海洋生态文明宣传。

（资料来源：人民网，有改动）

（1）这篇应用文的文种是______________________________。

（2）请简要分析这篇应用文的结构和特点。

____

____

（三）阅读下列解说词，并回答问题。

解说词《舌尖上的中国》第2季——《脚步》（节选）

不管是否情愿，生活总在催促我们迈步向前。人们整装，启程，跋涉，落脚，停在哪里，哪里就会燃起灶火。从个体生命的迁徙到食材的交流运输，从烹调方法的演变到人生命运的流转，人和食物的匆匆脚步，从来不曾停歇。

西藏林芝。

印度洋吹来暖湿的季风，植物正在疯长，又到了白马占堆最忙碌的季节。天麻和灵芝是重要的经济来源。但是，一个月后，它们将消失得无影无踪。

从峡谷到雪山，7 000 米的海拔高度差，让林芝成为世界高山植物区系（植物区系是指某一地区或某一时期、某一分类群、某类植被等所有植物种类的总称）最丰富的地区。

弟弟高中毕业，白马占堆得迅速挣够弟弟读大学的费用，在此之前，他为弟弟准备了一份特殊礼物。

西藏80%的森林集中在这里，白马占堆努力搜索几天前发现的蜂巢。现在，他得想办法到达树顶。在当地人眼中，蜂蜜是宝贵的营养品，值得为它冒险。听起来难以置信，但是这种风俗已经延续了数百年。白马占堆选了一根藤条，使自己与大树相连，从现在起，这根藤条关乎性命。

看起来进展不错。一个小时过后，白马占堆爬了很高，但还有更长的距离要爬。父亲放心不下，匆匆赶来。白马占堆已经不敢用双手砍树，速度明显慢了下来。3 个小时后，白马占堆接近树冠。现在，他准备摆脱藤条。40 米高，并且没有任何保护。这是一次危险的行走。

野蜂并不怕人，白马占堆从长辈那里学会了点燃烟雾，迫使蜜蜂放弃抵抗。砍开蜜蜂藏身的树洞，就可以得到最甜美的蜂蜜。

……

油菜刚刚开花，谭光树已经准备启程。老谭是职业养蜂人，20 多年来，依靠这份工作，他养育了一双儿女。每年清明，老谭都要和妻子吴俊英踏上追逐花期的旅程。一昼夜，蜂箱已到 500 千米外的秦岭，花的味道决定蜂蜜的味道，地区不同，味道也完全不同，这正是蜂蜜作为美食的神奇之处。秦岭出产中国顶级的槐花蜜，但是老谭心里毫不轻松，毕竟养蜂是靠天吃饭的行当。4 月中旬，天气突变，大风伴随降雨，花期提早结束。没有人知道，糟糕的天气会持续多久。20 多年前，老谭向未婚妻许诺，要带她从事一份甜蜜的事业。

在交通不便的年代，人们远行时会携带能长期保存的食物，它们被统称为路菜。

……

在甘肃山丹牧场，老谭夫妇准备向下一站出发，又是一次千里跋涉。在宁夏固原，回乡的麦客们，开始收割自家的麦子。在东海，夫妻船承载着对收获的盼望，再次起锚。

这是剧变的中国，人和食物，比任何时候都走得更快，无论他们的脚步怎样匆忙，不管聚散和悲欢来得多么不由自主，总有一种味道，都以其独有的方式，每天3次，在舌尖上提醒着我们，认清明天的去向，不忘昨日的来处。

（1）请简要分析这篇解说词的结构。

（2）请简要分析这篇解说词的特点。

（四）阅读下列应用文，并回答问题。

南方黑芝麻糊

典型的南方麻石小巷中，一位大婶挑着竹担，其女儿紧随竹担，悬在竹担前的桔灯摇曳、晃悠。

男声旁白：“小时候，一听见芝麻糊的叫卖声，我就再也坐不住了。”

一个戴着棉帽、身穿棉布衫的男孩拿着碗，从深宅大院中推门而出，跑到卖芝麻糊大婶身旁，眼中充满渴望。慈祥的大婶将一勺浓稠的芝麻糊舀入男孩的碗里。男孩望着那碗芝麻糊，搓手，咬唇，一副迫不及待的“馋猫”样儿。大婶递过香浓的芝麻糊，男孩大口大口地吃了个精光，然后意犹未尽地舔着碗底。大婶怜爱地给男孩又添了一勺，并替他抹去嘴角的芝麻糊。

在这温馨的气氛中，传来男声旁白：“新包装，好味道如一，南方黑芝麻糊。”

广告产品名称：南方黑芝麻糊。

请简要分析这篇广告文案的特点。

七、写作训练

（一）根据下列素材写一则消息，字数不限。（可根据需要适当补充相关信息。）

在某校运动会男子组跳高比赛中，大四学生张××以 1.83 米的优异成绩打破了尘封 25 年的原纪录——1.81 米。张××每年都参加运动会，除了大二那一年失常发挥，他在其余各届校运动会上都获得了跳高比赛的冠军。不过，他往年都没能打破前辈创下的纪录。对此，他说："打破纪录一直是我的目标。"

假设你是该校学生会新闻部的干事，请根据上述素材写一则消息。

（二）根据下列素材为青瓷羊形烛台写一份解说词，字数不限。（可根据需要适当补充相关信息。）

（1）青瓷羊形烛台于 1976 年在江苏镇江出土。

（2）青瓷羊形烛台为东晋时期的生活用具，长 17 厘米，高 14.7 厘米。

（3）青瓷羊呈昂首跪卧状，全身材质是晶莹的青色釉，在羊的头部和身上点缀着几处褐色的斑点。羊头顶部的圆孔用于插放蜡烛。

（三）根据下列素材写一份导游词，字数不限。（可根据需要适当补充相关信息。）

假设在暑假期间，你在××旅行社担任实习导游一职。现你负责接待北京 3 日游的 5 名旅客。第 1 天的旅游路线如下：天安门—故宫—颐和园—八达岭长城。请你选择一个景点，为其写一份导游词。

（四）假设你是××公司的实习员工。公司新发布了一款平板电脑。这款平板电脑的外观设计颇具特色，性能卓越，品质优良，价格亲民。请你为其写一篇广告词，字数不限。（可根据需要适当补充相关信息。）

八、反思与总结

模块六 常用事务文书写作

一、填空题

1. ________________是国家行政机关、企事业单位、社会团体或个人为了在一定时期内完成某项任务或实现某个目标，将预先拟定的工作、活动安排用书面形式表达出来而形成的事务文书。

2. 计划具有____________、____________和____________的特点。

3. 计划必须具备_____________、_____________和_____________3 个要素。

4. 按表达方式划分，计划可分为_____________、_____________和_____________3 种类型。

5. 计划应____________，____________，即为计划的执行者明确努力方向的同时便于其开展实际工作。

6. 总结必须全面、客观地反映情况、记录事实、汇集数据，使读者阅读后就能对被总结的事情有一个完整、清楚的了解和认识。这体现了总结的_____________（特点）。

7. 按性质划分，总结可分为____________和____________两种类型。

8. 总结的标题有 3 种常见形式，分别为_________________、_________________和_________________。

9. 一般情况下，总结主体部分的内容应包括______________、______________、______________和______________4 个部分。

10. 具有特定约束力和法规性的应用文的总称是______________。

11. 按性质划分，规章制度可分为______________和______________两种类型。

12. 规章制度具有_____________、_____________和______________的特点。

13. 党政机关、社会团体、企事业单位的领导者或工作人员对自己在一定时期内执行岗位职责的实际成绩进行回顾和自我评述的书面报告是______________。

14. 标题“二〇二二年任××职务期间的述职报告”由__________________、________________和________________组成。

15．一般情况下，述职报告的开头应写明____________、____________、____________和____________，并概括地叙述工作是否称职等情况。

16．会议记录是由____________指定专人，如实、准确地记录____________和____________的一种应用性事务文书。

17．会议记录具有____________、____________和____________的特点。

18．一般情况下，会议记录由标题、____________、____________和____________4 个部分组成。

19．一般情况下，会议记录的标题由____________、____________和____________组成。

20．按内容和性质划分，简报可分为____________、____________和____________3 种类型。

21．一般情况下，简报的报头部分包括____________、____________、____________、____________、____________和____________6 项内容。

二、选择题

（一）单项选择题

1．从目的、要求、方式、方法和进度等方面对某项工作作出全面而详细的安排宜用（　　）。

A．规划　　B．打算
C．方案　　D．要点

2．计划的核心是（　　）。

A．目标　　B．策略
C．步骤　　D．措施

3．标题“团结动员全区广大职工，为实现中国梦而努力奋斗”是（　　）。

A．完整式标题　　B．省略式标题
C．文章式标题　　D．正副标题式

4．党政机关、企事业单位、社会团体及个人对前一阶段的工作进行回顾、反思和分析研究，阐述成绩与问题、经验与教训，用来指导今后工作的应用文书是（　　）。

A．计划　　B．总结
C．述职报告　　D．简报

5．根据标题“××集团 2022 年度销售工作总结”可判断，这是一份（　　）。

A．综合性总结　　B．季度总结
C．专题性总结　　D．部门总结

6. 下列总结的标题中，属于文件式标题的是（　　）。

A. ××集团公司 2022 年度对外贸易工作总结

B. 我们是如何实行教学与科研相结合的

C. 适应新的形势，努力做好财会工作——××厂财务处 2022 年工作总结

D. 灵活经营，搞好服务——××公司销售部 2023 年第 1 季度工作总结

7. 某篇总结的开头是“经过一学期的刻苦学习，我取得了理想的成绩。这使我得出一个终身受益的结论——科学有效的学习方法是提高学习成绩的关键。”这段开头的写法是（　　）。

A. 概括式　　B. 提问式

C. 对比式　　D. 结论式

8. 规章制度明确规定了人们应该做什么，不应该做什么。这说明规章制度具有（　　）的特点。

A. 约束性　　B. 稳定性

C. 权威性　　D. 目标性

9. 下列选项中，格式正确的是（　　）。

A.【20××年××月××日国务院第×次常务会议通过 20××年××月××日中华人民共和国国务院发布 自 20××年××月××日起施行】

B. [20××年××月××日国务院第×次常务会议通过 20××年××月××日中华人民共和国国务院发布 自 20××年××月××日起施行]

C.（20××年××月××日国务院第×次常务会议通过 20××年××月××日中华人民共和国国务院发布 自 20××年××月××日起施行）

D.〔20××年××月××日国务院第×次常务会议通过 20××年××月××日中华人民共和国国务院发布 自 20××年××月××日起施行〕

10. 多层次的规章制度，其结构最多可排列（　　）个层次。

A. 5　　B. 6

C. 7　　D. 8

11. 撰写述职报告时，述职者的写作态度应严肃认真，写作内容应客观准确，语言表达应严谨规范，自我评价应实事求是。这说明述职报告具有（　　）的特点。

A. 特定性　　B. 严肃性

C. 标准型　　D. 评价性

12. 下列选项中，不属于述职报告的作用的是（　　）。

A. 有利于述职者自我提高

B. 有利于上下级、同级之间沟通情况，促进工作顺利开展

C. 有利于组织人事部对述职者进行考核

D. 有利于群众监督述职者

13．下列选项中，关于述职报告的说法错误的是（　　）。

A．述职报告应写明称谓

B．述职者的姓名既可以写在标题的下方，也可以写在落款处

C．述职报告属于党政机关公文

D．述职报告应真实客观地反映工作情况

14．会议记录是会议情况和内容的原始记录，未经整理，未经综合。这说明会议记录具有（　　）的特点。

A．原始性　　B．规范性

C．完整性　　D．选择性

15．下列标题中，不能作为会议记录的标题的是（　　）。

A．××市城南开发区管委会办公会议记录

B．会议记录

C．第 6 次部门例会会议记录

D．××有限责任公司会议纪要

16．党政机关、社会团体、企事业单位为了汇报工作、反映情况、交流经验、解决问题、传播信息而编发的报告性文书是（　　）。

A．计划　　B．述职报告

C．总结　　D．简报

17．下列选项中，综合简报不能反映的内容的是（　　）。

A．某一专项工作的动态和情况

B．贯彻落实党和国家的方针政策及上级指示的情况

C．工作的进展情况及好的做法和经验

D．工作中存在的不足或弊端

18．简报的报头在第一页的上部，约占版面的（　　）。

A．1/2　　B．1/3

C．1/4　　D．1/5

19．下列选项中，不属于简报名称的是（　　）。

A．××动态　　B．××公约

C．××内部参考　　D．××简讯

（二）多项选择题

1．计划是一个泛称，常见的计划包括（　　）等。

A．方案　　B．设想

C．安排　　D．条例

2．按性质划分，计划可分为（　　）。

A．综合性计划　　B．国家计划

C．个人计划　　D．专题性计划

3．一般情况下，计划的完整式标题由（　　）组成。

A．制订计划的单位名称　　B．完成时限

C．计划内容　　D．文种名称

4．日常工作中的总结也可以称为（　　）。

A．小结　　B．经验

C．纲要　　D．回顾

5．下列选项中，关于总结的说法正确的有（　　）。

A．总结是对过去做过的工作及其全过程的回顾

B．撰写总结时，应实事求是，如实分析和评价自己以往的工作

C．在一项工作完成后应及时总结

D．撰写总结时，应使用第一人称

6．下列选项中，属于法规类规章制度的有（　　）。

A．条例　　B．公约

C．办法　　D．守则

7．下列选项中，关于规章制度的说法正确的有（　　）。

A．规范类规章制度的强制性比法规类规章制度的强制性更强

B．规章制度的分则是规章制度的主体部分和实质部分

C．对于不太成熟、尚需修改的规章制度，应在标题中写上“暂行”“试行”等字样

D．规章制度是依据党和国家的有关政策和法令而制定的

8．下列选项中，（　　）符合述职报告的标题的写法。

A．在困境中开创××××工作的新局面——××××处处长李×

B．××中学政教处开展“××××”教育活动的总结

C．××公司述职报告

D．述职报告

9．下列选项中，可以作为述职报告的结尾的有（　　）。

A．今后工作的打算　　B．述职者的决心

C．自我批评　　D．总结全文

10．会议记录与会议纪要的区别包括（　　）。

A．目的不同　　B．性质不同

C．写法不同　　D．作用不同

11．下列选项中，关于会议组织情况的说法正确的有（　　）。

A．会议组织情况包括会议时间、地点、出席人、主持人、缺席人、记录人等内容

B．记录主持人和记录人的信息时，只需写明两者的姓名

C．记录出席人的信息时，只需写明与会人员的身份和人数

D．若有重要人物缺席，则必须做好记录

12．简报的特点包括（　　）。

A．快，即反应迅速及时　　B．实，即客观反映情况

C．新，即内容新鲜，有新意　　D．短，即内容简短

13．简报的报尾部分主要包括（　　）。

A．编者按语　　B．发送单位

C．印发份数　　D．署名

14．下列选项中，关于常用事务文书的结构说法正确的有（　　）。

A．计划和总结都由标题、正文和落款 3 个部分组成

B．规章制度由标题、题注、正文和落款 4 个部分组成

C．述职报告由标题、称谓、正文和落款 4 个部分组成

D．简报由报头、报核和报尾 3 个部分组成

三、判断题

判断下列题目的正误，正确的在括号内画“√”，错误的在括号内画“×”。

1．一般情况下，内容较为单一的计划可以称为“设想”。（　　）

2．计划是事先对活动所做的安排与打算。这说明计划具有预见性的特点。（　　）

3．“××市总工会 2023 年开展职工活动的初步要点”作为计划的标题是错误的。（　　）

4．结尾是计划的必要组成部分。（　　）

5．用来完成任务、实现目标的方法或措施，是决定计划是否具有可操作性的关键环节。（　　）

6．总结的类型是绝对的，不能相互交叉。（　　）

7．总结的主体部分一般占全文篇幅的 2/3 以上。（　　）

8．撰写总结时，主体部分必须写明实践活动中存在的问题。（　　）

9．撰写总结中的今后打算部分时，宜粗不宜细，宜简不宜繁，宜大不宜小。（　　）

10．撰写总结时，写作者只能在落款处署名，且不可省略。（　　）

11．撰写总结时，应实事求是，既不能好大喜功，夸大成绩，忽略问题，也不能过分谦虚，将自己说得一无是处。（　　）

12. 总结是对计划的检验，计划可以采用总结中的经验，两者相互制约、相互依赖、相互促进。（　　）

13. 根据标题“宿舍卫生管理制度”可判断，这是一份规范类规章制度。（　　）

14. “××省农副产品质量管理规定”作为规章制度的标题是正确的。（　　）

15. 分条式规章制度的条文可以直接标注汉字序数或阿拉伯数字，也可标注“第×条”。（　　）

16. “各位领导、同志们”可以作为述职报告的称谓。（　　）

17. 在述职报告中陈述工作业绩时，述职者应对自己的成绩浓墨重彩，对存在的不足轻描淡写，以获得听众的肯定。（　　）

18. 在述职报告中，落款处的述职日期必须使用阿拉伯数字。（　　）

19. 会议记录者可以对与会人员的发言进行加工、提炼、增添和删减。（　　）

20. 记录会议地点时，应写明详细地点，如“××会议室”。（　　）

21. “××××××股份有限公司董事会议记录”作为会议记录的标题是正确的。（　　）

22. 会议记录的文尾部分应将主持人宣布的散会一项记入，不可省略。（　　）

23. “××反映”可以作为简报名称。（　　）

24. 一般情况下，由会议秘书组负责撰写会议简报。（　　）

25. 撰写简报时，报核部分的编者按语不可省略。（　　）

26. 一般情况下，由编发单位撰写的简报文稿不署作者姓名，约稿或征集的稿件、有关部门送过来的稿件则应署名。（　　）

四、简答题

1. 请简述计划的结构与写法。

2. 撰写计划时应注意哪些事项？

3．请简述总结的结构与写法。

4．撰写总结时应注意哪些事项？

5．总结和计划有什么关系？

6．请简述规章制度的结构与写法。

7．撰写规章制度时应注意哪些事项？

8．请简述述职报告的结构与写法。

9．会议记录和会议纪要有哪些区别？

10．请简述会议记录的结构与写法。

11．撰写会议记录时应注意哪些事项？

12．请简述简报的结构与写法。

13．撰写简报时应注意哪些事项？

五、病例修改

（一）指出下列计划的错误之处，并写在下面的方框内。

计　划

在知识经济时代，社会日趋信息化，高科技产业迅速发展，学习能力已成为社会、企业和个人适应时代、把握变化的核心能力。要想提高自身的学习能力，增加自身的知识储

备，要由外在的要求转化为内在的自觉，将学习变成一种兴趣、一种习惯、一种精神需要和一种生活方式，并从根本上转变自己的思想观念，从而树立终身学习理念。

一、学习目的

在现代社会中，学习不只是获取工作机会的一次性“敲门砖”，也不只是升职加薪的“加油站”，而是陪伴我们终身的永久性动力源。我们应通过持之以恒的学习，使自己变成专业理论水平高、工作能力强，能够适应新时代、新形势的有为青年。

二、学习内容

本人根据自己的实际情况，拟定今、明两年的学习经费分别为 3 000 元和 6 000 元，学习内容为计算机知识、英语知识和会计专业知识。

三、学习方法和具体安排

要想完成制订的学习内容，就要养成持之以恒的良好习惯。因此，本人不仅会积极参加街道组织的集体学习，还会保证工作日每天学习 2 个小时，周末每天学习 4 个小时，做到日日有进步。具体安排如下。

（1）积极参加单位和上级部门组织的各项学习、交流、培训活动等。

（2）20××年××月至××月，每个星期六参加全国计算机等级考试培训班，同时，利用每天的业余时间自学会计本科阶段的专业课程，如“中级财务会计”和“会计报表分析”等。

（3）20××年××月至 20××年××月，利用工作日和周末晚上的时间参加英语培训班。

李××

20××年××月××日

（二）指出下列总结的错误之处，并写在下面的方框内。

总　结

“公文写作”这门课程共有 40 个学时，由××教授讲授。在这门课程中，我的收获颇丰。在上这门课之前，我不想学习公文写作，因为我觉得公文写作十分枯燥，而现在我越学越觉得有趣，且写作能力有明显的提升。

一、较系统地掌握了公文写作的基本理论知识

过去，我只知道公文是“官场文章”，对其性质、特点和作用等都不了解，也不想了解。我总是这样想：如果不进“官场”，了解它有什么意义呢？现在，我知道了公文是专门用于党政机关单位办理公务的应用文，作用巨大，还知道了如何根据公文的性质、特点和作用等确定主旨、选择材料、安排结构、表达语言等。

二、阅读了许多范文和病文

在学习公文写作的过程中，我阅读了很多范文和病文。其中，范文具有示范作用，它告诉我们“应该这样写”；病文具有警示作用，它告诉我们“不应该那样写”。课本中有100多篇范文和50多篇病文，大部分我都阅读过，特别是老师重点分析的范文和病文，我学得更细致。我常常将这两种文章对照着读，以便弄清楚“为什么应该这样写”和“为什么不应该那样写”。这样做能让我学到很多东西，且道理明，印象深，对我而言很有用。

三、写了十多篇作文

写作课是实践课，学习写作理论知识是为了指导写作实践，进而写出符合要求的文章。因此，我认真完成了老师布置的作文作业，同时还结合学生会工作写了好几篇应用文。通过这10多篇应用文的写作练习，我懂得了相关文种“应该这样写”和“不应该那样写”的道理，且能按照公文写作的基本要求完成写作任务。这对我将来参加工作很有帮助。

总之，我在“公文写作”课程中的收获很大，感谢任课老师的教诲！

（三）指出下列规章制度的错误之处，并写在下面的方框内。

图书馆读者入馆须知

【2022年9月19发布】

一、凭证入馆

（一）本校读者凭本人借书证（一卡通）刷卡入馆。

（二）外来人员凭相关证件办理入馆手续。

二、保持安静

（一）在图书馆内应保持安静，手机或电脑等电子设备应调至静音。

（二）禁止在馆内大声接、打电话。

三、杜绝安全隐患

（一）禁止携带易燃易爆的危险物品及具有腐蚀性的化学物品入馆。

（二）禁止在馆内吸烟、使用明火。

（三）保管好个人物品，贵重物品请随身携带。

四、保持清洁

（一）禁止随地吐痰，乱扔废弃物等不文明行为。

（二）下雨天或下雪天入馆时，请将雨伞按规定放到指定地点或装入自备的塑料袋包好后再入馆，以免弄湿地面和书刊。

五、爱护公物

（一）爱护馆内的书刊资料，文明阅览。

（二）爱护馆内的设备设施，禁止随意涂抹、刻画等。

六、遵守秩序

（一）遵守馆内的阅览秩序，不抢占座位，不随意挪动桌椅。

（二）翻阅过的书刊资料放在阅览桌或书车上即可，不必自行归架，以免错架。

（三）禁止携带任何食品、饮料入馆。

七、文明礼貌

（一）禁止穿拖鞋、背心等入馆。

（二）自觉维护馆内良好的阅览环境，礼貌待人，以免影响他人阅读或查阅资料。

（四）指出下列会议记录的错误之处，并写在下面的方框内。

会议记录

时　间：20××年××月××日（9:00—11:00）

地　点：公司会议室

出席人：公司各部门主任

一、主持人讲话

今天主要讨论的问题是“精巧办公室”这款软件是否投入开发，以及若投入开发，我们要如何开展前期工作。

二、会议内容

技术部朱总：市场上有不少类似的办公软件，如微软公司的 Word 办公软件、金山公司的 WPS 办公软件，以及众多财务、税务、管理方面的软件。我认为首要的问题是确定合适的选题方向，如果“精巧办公室”这款软件没有独有的特点，那么就不能投入开发。

资料部祁主任：现在市场上的办公软件虽然很多，但从专业角度来看，大都不是很规范。我指的是编辑功能方面，如 Word 办公软件忽略了行政公文这一部分，而对于书信这一部分也大多迎合英文的书写习惯，中国用户使用起来很不方便；WPS 是一款国产软件，虽然它的功能设计、页面设计等方面都符合中国用户的使用习惯，但是在应用文方面的编辑功能十分简陋，离专业水准相差很远。我认为我们的软件在这一方面很有市场。

市场部唐主任：这是在众多办公软件中寻求突破。我认为这款软件的开发有成功的希望，关键的问题就是确保软件小巧且运行速度快，同时还必须考虑系统兼容性的问题。

各部门主任对“精巧办公室”软件在开发过程中可能遇到的版权问题有不同的看法，并展开了积烈的讨论，最终找到了有效的解决方法。

会议决议：各部门主任都同意立项，初步的技术方案将在 10 天内完成，资料部预计需要 3 个月完成资料编辑工作，约需要 20 天实现系统集成。该软件预计于明年年初正式发布。

（散会）

主持人：王××（签名）
记录人：曹××（签名）

（五）指出下列简报的错误之处，并写在下面的方框内。

××大学××学院基层教学活动简报

××学院

为了更好地推进××专业的建设，加强课程教学环节管理，××系于20××年××月××日组织全系老师集中开展了××专业的课程研讨会。

目前，××系负责的××专业开设的必修课程包括《××原理》《××保护》《××学》，主要选修课程包括《××××学》《××应用》《××新进展（全英文）》《××评价》《××分析》《××模型》《××预报》等。每门课程的主讲老师结合自己所上课程的实际情况，分别从教学内容安排、课程考核方式、教学中发现的主要问题和改进的主要思路4个方面逐一发言。

经过此次研讨会，××系拟对部分课程进一步组织单课程的教学研讨。本次研讨会初步厘清了××专业课程在教学过程中存在的问题，找准了改进的方向，达到了会议的预期目标。

（××学院）

六、阅读分析

（一）阅读下列总结，并回答问题。

工作总结

时光如梭，一晃我加入××公司已经半年了。在这半年的时间里，我与领导和同事们相处融洽，同时对公司的组织结构、主营业务等有了更深入的了解。现将这半年来的工作情况总结如下。

一、工作情况和取得的成绩

我主要负责行业信息的整理工作。简单来说，就是收集各级政府颁布的行业政策法规信息，采集和处理公司在开发与经营过程中产生的动态数据、行业供应等市场数据，为公司今后的决策提供依据。

随着工作的推进，我对行业信息的整理工作有了新的认识。入职前，我认为这份工作比较枯燥、没有挑战性。入职后，我发现档案管理工作没有那么简单，信息类目繁多、更新频率快，经常让我无从下手。

于是，我在进行信息常规整理的同时，从不同角度对一些信息加以分析，如进行地区、级别等方面的横向比较，并对每个信息归类、建档。这样做的好处是，当我需要一个信息时，可以根据不同的关键词迅速找到它，提高了查找效率。

以上是我这半年在工作中所做的努力和取得的一点成绩。

二、工作中的不足

回顾这半年的工作，我发现自己还存在以下不足：一是过于重视工作进度，缺乏对工作内容的全面思考；二是需要调整自己的心态，改掉做事急躁的毛病。

（略）

三、今后的工作方向

有了这半年的经验积累，我相信自己能在接下来的工作中做得更好。我将始终保持认真、负责的工作态度，把工作做好、做精。同时，我会不断提升业务能力，力争为公司的发展贡献自己的力量。

以上是我的工作总结，诚挚地希望领导和同事能提出宝贵建议，我一定虚心采纳！

李××

20××年××月××日

（1）这篇总结的类型是________________________________。

（2）请简要分析这篇总结的结构与写法。

____

____

____

____

（二）阅读下列规章制度，并回答问题。

大学生宿舍文明公约

为了创造良好的学习、生活环境，营造文明和谐的宿舍氛围，帮助学生养成良好的生活习惯，特制订本公约。

创建文明雅室

1．营造和谐、文明的宿舍氛围，形成良好的学习风气。

2．不得在宿舍内大声喧哗、交谈、唱歌、播放音乐、弹奏乐器等，以免影响他人学习和休息。

3．熄灯后应轻声洗漱，以免影响他人休息。

打造温馨洁室

1. 制订宿舍卫生值日表，及时打扫宿舍卫生，保持宿舍内干净整洁。

2. 注意个人卫生，及时清洗床单、枕巾、被罩等个人物品。

3. 禁止在宿舍内饲养动物。

4. 禁止在宿舍墙上乱涂、乱画、乱贴、乱钉。

5. 禁止往宿舍窗外、走廊、盥（guàn）洗室地上泼水。

6. 禁止将方便面残渣、茶叶等废弃物倒入水池，以免造成管道堵塞。

营造平安居室

1. 自觉遵守国家法律和学校各项规章制度，坚决抵制违法乱纪的不良行为，不打架，不赌博，不饮酒，不吸烟。

2. 自觉遵守宿舍管理规定，禁止未经批准的晚归和夜不归宿。

3. 禁止私拉电线和网线、私接灯头和电源插座。

4. 禁止使用电炉、电热器、热得快等违规电器。

5. 禁止在宿舍内燃烧酒精、汽油等易燃易爆物品。

6. 禁止留宿舍外人员。

7. 进入他人宿舍时先敲门，经允许后方可进入。

8. 宿舍内无人时应锁门、关窗，做好安全防范工作。

9. 发现可疑人员应立即报告宿舍楼门卫和管理人员。

以上公约，望同学们自觉遵照执行。

××大学宿舍管理中心
20××年××月××日

（1）这篇规章制度的类型是____________________。

（2）请简要分析这篇规章制度的结构和内容。

____

____

____

____

（3）请简要分析这篇规章制度的特点。

____

____

____

____

（三）阅读下列述职报告，并回答问题。

述职报告

尊敬的各位领导，亲爱的同事们：

大家下午好！

首先，很感谢各位领导能在百忙之中抽出宝贵的时间听我的转正述职报告，也很荣幸能站在这里向各位领导汇报我的工作。我入职至今已经3个月了，主要负责接待来访的客人，并为客人答疑解惑。在这3个月里，在领导和同事们的帮助下，我深入了解了公司的企业文化和各项规章制度，并熟悉了基本的工作流程。下面，我将就这3个月的工作情况做个简要汇报。

一、以情服务，用心做事

在工作中，我会用10分的热情对待每一位来访的客人，耐心地为他们提供服务。当遇到自己不能解答的问题时，我会及时向同事请教，确保能准确无误地为来访的客人解答问题；当遇到不好沟通的客人时，我谨记自己代表的是公司形象，始终保持宽容和理解的态度与客人沟通，避免与客人发生矛盾。

二、遵守制度，敢抓敢管

在公司内部施工期间，我负责管理施工工人。我每天都会严格检查进出人员、货物等，避免公司发生财物损失；对于在施工过程中，安全措施不到位的现象，我会严格按照公司的制度进行整改，将安全措施落到实处，确保施工期间零事故。

三、存在的问题

回顾这一年，我认为自身存在以下问题：一是创新意识不足；二是对外协调能力有待提高。

（略）

四、今后的打算

（略）

述职人：李××

20××年××月××日

请简要分析这篇述职报告的结构和内容。

（四）阅读下列会议记录，并回答问题。

××大学××学院××级一班班会会议记录

时间：20××年××月××日上午 10:00—11:00

地点：第×教学楼×××室

出席人：××级一班全体学生 25 人

缺席人：无

主持人：康×

记录人：王××

会议内容：

一、宣读诚信考试的相关规定

班长康×：本次班会的主题是“诚信考试”。为了将学校诚信考试的要求传达给大家，让大家认真对待考试，我们召开这次班会。下面由团支书宣读《××大学××学院对考试违纪和作弊学生处理的暂行规定》。

团支书陈××：《××大学××学院对考试违纪和作弊学生处理的暂行规定》（略）。在期末考试来临之际，为配合学校、院系加强考风考纪的工作，希望同学们认真阅读该规定，做诚信大学生。

二、同学们发表自己的观点

班长康×：下面请同学们对“如何正确理解诚信考试？”发表自己的观点。希望大家各抒己见，踊跃发言。

学生柯××：诚信考试能够得到别人的尊重。

学生王××：我们在考前要好好复习，以良好的心态面对考试。我们要明确考试只是检验自己学习效果的一种手段，其目的是让同学们认真复习，而不是为了成绩在考试中作弊。

学习委员雷××：诚信包括“诚”和“信”两个方面。诚信是立身的根本，“人无信则不立”。（略）

学生王×：我们不能光喊口号，要以实际行动响应学校提出的诚信考试的要求。

（略）

三、签署《诚信考试承诺书》

班长康×：下面由学习委员宣读《诚信考试倡议书》。

学习委员雷××：《诚信考试倡议书》（略）。

班长康×：下面由学习委员雷××组织全班同学在《诚信考试承诺书》上签名。

（散会）

主持人：康×（签名）

记录人：王××（签名）

（1）请简要分析这篇会议记录的结构和内容。

（2）请简要分析这篇会议记录的语言特点。

（五）阅读下列简报，并回答问题。

××大学简报

（第××期）

学生工作部　　　　　　　　　　　　　　　　　　20××年××月××日

20××年本科生表彰大会

××月××日上午，我校20××年本科生表彰大会在××报告厅举行。校党委副书记赵××、副校长王××及各部门负责人出席会议，会议由学生工作部部长孙××主持。

会上，副校长王××宣读了《关于表彰20××—20××学年先进班集体、三好学生、优秀学生班干部的决定》《关于评定20××—20××学年国家奖学金、国家励志奖学金的决定》。根据表彰决定，20××年，我校有××名学生获得国家奖学金，××名学生获得国家励志奖学金，××个班级获得“先进班集体”荣誉称号，××名学生获得“三好学生”荣誉称号，××名学生获得“优秀学生班干部”荣誉称号。

大会为获奖个人和班级进行了颁奖。20××—20××学年国家奖学金获得者姜××代表获奖学生发言。

副书记赵××在会上讲话，向获奖学生和获奖班集体所取得的成绩表示祝贺和肯定。赵××说，20××年，学校从抓校风、教风、学风等诸多方面极力营造良好的育人环境，极大地提升了学生的个人修养和综合素质，涌现出大批勇于拼搏、积极向上的好学生。副书记赵××对本校大学生提出了3点希望：一是以兴趣为动力，以勤奋为支点，勤奋好学，服务社会，开创未来；二是常怀律己之心；三是勇于实践，善于合作，做全面发展的有用之才。

（1）这篇简报的类型是＿＿＿＿＿＿＿＿＿＿＿＿＿＿＿＿。

（2）请简要分析这篇简报的结构与写法。

（3）请简要分析这篇简报的特点。

七、写作训练

（一）根据下列素材，写一份计划，字数不限。（可根据需要适当补充相关信息。）

假设你是××大学的大二学生。你在学院官网上看到了关于大学英语四级考试的通知。你准备写一份英语学习计划，以便顺利通过这次大学英语四级考试。

（二）小李是××大学××学院学生会的普通成员，主要任务是协助学院老师开展学术讲座，组织学生参加讲课比赛等活动。在学期末，小李想写一份工作总结，以明确自己在学生会工作的这半年里取得的成绩、存在的问题，以及今后的打算和努力的方向等。请你帮小李写这份总结，字数不限。（可根据需要适当补充相关信息。）

（三）假设你是××大学的学生，利用课余时间在学校食堂的勤工助学岗位上工作。现食堂需要拟写一份用餐须知，以维持就餐秩序，营造安静文明的用餐环境。请你写这份用餐须知，字数不限。（可根据需要适当补充相关信息。）

（四）根据下列素材，写一份简报，字数不限。（可根据需要适当补充相关信息。）

××大学学生会拟撰写20××年第××期工作简报。以下是学生会近期的主要工作。

（一）××月××日开展“文明寝室”评选活动

为进一步加强大学生文明教育，共创整洁、文明、有序的寝室环境，××大学学生会在学校的支持下，举办了“文明寝室”评选活动。

评选时间：20××年××月××日

评选对象：全校本科生寝室

根据各学院推荐的文明寝室名单，结合平时寝室卫生的检查情况，共评选出××个文明寝室。

学校对评选出的文明寝室发文表彰，希望受到表彰的寝室再接再厉，积极发挥模范带头作用，进一步推进文明寝室建设。全校同学要以这些寝室为榜样，为文明寝室建设贡献自己的力量，并为建设健康、文明、向上的良好生活环境而不懈努力。

（二）××月××日举行校园篮球比赛活动

比赛地点：××篮球场

比赛时间：20××年××月××日—20××年××月××日，具体安排（略）

参赛队伍：各学院篮球队

赛制安排：本次篮球赛采用淘汰制，淘汰赛顺序根据抽签结果决定（略）

比赛要求：（略）

比赛结果如下。

第1名：××学院篮球队

第2名：××学院篮球队、××学院篮球队

第3名：××学院篮球队、××学院篮球队、××学院篮球队

八、反思与总结